Türkische Grammatik

Dr. S. Fritz Forkel

د. سليمان فريتس فوركل

ד״ר שלמה פריץ פורקל

Skénznen Rónznis

BRIGITTE MOSER-WEITHMANN

Türkische Grammatik

HELMUT BUSKE VERLAG
HAMBURG

Die Deutsche Bibliothek – CIP-Einheitsaufnahme

Moser-Weithmann, Brigitte:
Türkische Grammatik / Brigitte Moser-Weithmann. – Hamburg : Buske, 2001
  ISBN 3-87548-241-7

INHALT

VORWORT

Die moderne türkische Sprache – auch als Türkeitürkisch bezeichnet – ist die Amtssprache der Republik Türkei. Sie ist auch die Muttersprache von drei Millionen in Westeuropa lebenden Türken oder türkischstämmigen Europäern. Zwei Millionen leben allein in Deutschland. Die türkische Sprache ist somit zur zweithäufigsten Muttersprache und zu einer wichtigen Verkehrssprache nicht nur im juristischen und wirtschaftlichen, sondern auch im touristischen Bereich hierzulande geworden. Darüber hinaus spielt das Türkische aufgrund seiner Struktur, die vom Indoeuropäischen sehr stark abweicht, eine wichtige Rolle in der modernen, vergleichenden Sprachwissenschaft.

Innerhalb der weitverzweigten Familie der Turksprachen (von etwa 130 Millionen Menschen zwischen Adria und China gesprochen) kommt dem Türkeitürkisch – als Muttersprache von mehr als 65 Millionen Menschen – die wichtigste Stellung zu. Das moderne türkische Idiom ist aus der Osmanischen Literatursprache hervorgegangen, die mit arabischen Buchstaben geschrieben wurde und von arabischem und persischem Wortschatz stark durchdrungen war. Im Zuge der Sprachreform der Türkischen Republik wurde 1928 die lateinische Schreibweise eingeführt und bis heute der Lehnwortschatz zu 90 % durch rein türkische (alte wie neugebildete) Wörter ersetzt. Trotzdem werden weiterhin arabische und persische Wörter als Synonyme (vor allem in der Wissenschaftssprache) verwendet.

Die türkische Sprache weicht in ihrem Aufbau und ihrer Struktur signifikant von den indoeuropäischen, flektierenden Sprachen ab. Als agglutinierende Sprache drückt sie Wortbildungen, Abwandlungen und Bedeutungsmodifikationen durch Suffixe aus, die dem Stammwort angehängt werden. Dazu unterliegt die Sprache der Vokalharmonie, die zwischen dunklen und hellen Vokalen unterscheidet. Das Türkische kennt keine Nebensätze in unserem Sinne, ist dafür aber reich an Verbalflexionen.

Diese Grammatik ist auf das Erlernen der Schrift- und Umgangssprache (nach dem Istanbuler Stadtdialekt) ausgerichtet. Ich habe versucht, die Charakteristika sowie den einheitlichen und regelmäßigen Aufbau des Türkischen, der kaum Ausnahmen aufweist, deutlich herauszustellen und durch bewußte Wiederholungen der Beispiele dem

Leser das Lernen zu erleichtern. Abweichungen, die sich durch die
andere Struktur des Türkischen ergeben, wurden besonders ausführ-
lich behandelt. Die Übersetzung der Beispielsätze richtet sich deshalb
nicht nach der für Literaturübersetzungen gültigen Regel „So frei wie
möglich, so nah wie nötig!", sondern hält sich nahe am türkischen
Satzaufbau, um diesen dem Lernenden zu verdeutlichen.

Zu großem Dank verpflichtet bin ich meinem Kollegen Dr. Özgür
Savaşçı, Universität München, für das fachliche Lektorat der Gramma-
tik. Für die freundliche Übernahme des mehrfachen Durchlesens und
Korrigierens danke ich sehr herzlich Andrea Schindler und Winfried
Suft, Passau.

Passau, im Herbst 2000   Brigitte Moser-Weithmann

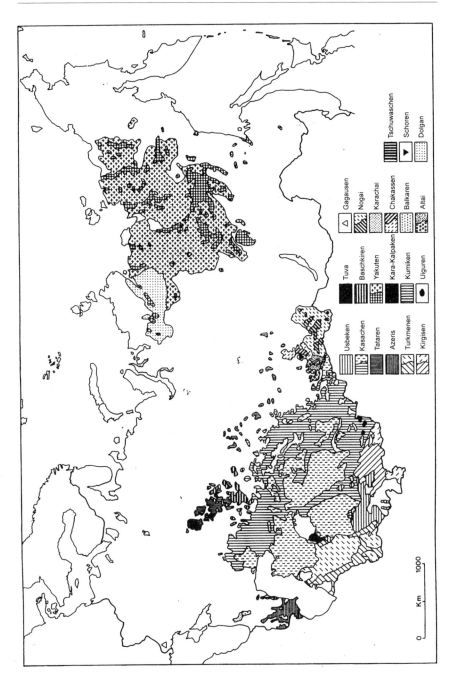

Karte 1: Die Verbreitung der Turkvölker heute

EINFÜHRUNG IN DIE TÜRKISCHE SPRACHE: GESCHICHTE UND SPRACHSTRUKTUR

VON DER CHINESISCHEN MAUER BIS ZUR ADRIA: DIE TÜRKISCHE SPRACHKARTE

Wenn Sie einen Atlas zur Hand nehmen und eine Übersichtskarte von Asien aufschlagen, werden Sie mit einiger Kenntnis des Türkischen feststellen, daß türkische Orts-, Städte- und Flußnamen „von der Chinesischen Mauer bis zur Adriaküste, vom nördlichen Eismeer bis zum Persischen Golf und von Ostsibirien bis Osteuropa" zu finden sind, um es in den so beliebten Worten des letzten Jahrhunderts auszudrücken. Worte, die fast überall dort zu lesen sind, wo es um die Verbreitung der Turkvölker geht. Tatsächlich handelt es sich um ein ungeheuer großes Gebiet, das von Turkvölkern besiedelt ist. Unwillkürlich fragt man sich, wie es dazu kam. Die nomadische Lebensweise aller Turkvölker brachte es mit sich, daß sich auf der Suche nach neuen Weideplätzen die Gebiete immer weiter ausdehnten. Besonders im Verlauf der Eroberungszüge der Mongolen breiteten sich die Turkvölker über weite Teile Asiens und Osteuropas aus. Zum großen Teil sind diese Gebiete – durch Wüsten und Gebirge bedingt – nur spärlich besiedelt und nicht ausschließlich von türkischen Völkern bewohnt.

33 Turksprachen und Dialekte sind historisch bezeugt, von denen *de facto* heute noch 20 moderne Literatur- und acht schriftlose Turksprachen existieren. Die Turksprachen nehmen nach den indo-europäischen Sprachen in geographischer Hinsicht den weitesten Raum auf der Welt ein. Heute werden diese Sprachen von annähernd 130 Millionen Menschen – davon 65 Millionen in der Türkei – gesprochen (siehe Karte 1 auf Seite XIII).

ZUR GESCHICHTE DER TURKSPRACHEN

Es wird angenommen, daß die „Urheimat" der Turkvölker zwischen dem Altai- und Khangai-Gebirge lag. Der Begriff „Urheimat" wird heute zwar kritisch betrachtet, doch kann damit die Ausbreitung sehr anschaulich dargestellt werden (siehe Karte 2 auf Seite 2). Noch im 8. Jahrhundert lebte die Mehrheit der türkischsprechenden Nomaden-

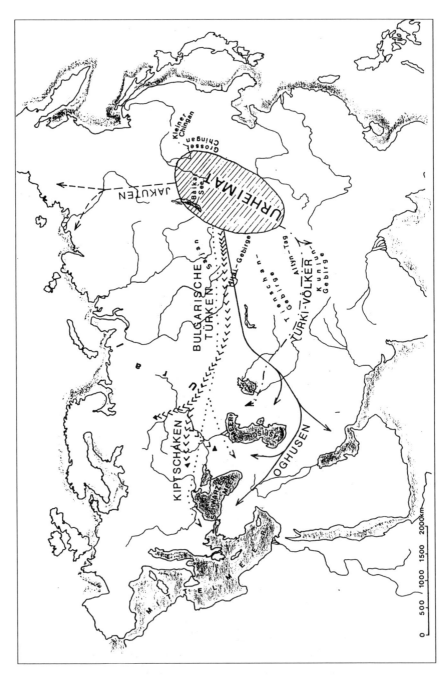

Karte 2: „Urheimat" und Ausbreitung der Turkvölker

völker in aneinandergrenzenden Gebieten Südsibiriens und des nördlichen Zentralasien. Nur wenige waren schon damals in Richtung Osteuropa abgewandert (Awaren, Wolga-Bulgaren). Später folgten viele
weitere Migrationen in fast alle Richtungen, vor allem aber nach Westturkestan und von dort über Iran nach Anatolien. Die nach Kleinasien
vorgestoßenen Stämme zählen zum Zweig der Oghusen.

Wegen dieser späten Aufsplitterung stehen die Turksprachen – mit
Ausnahme des sehr früh abzweigenden „Tschuwaschischen" – sowohl
in der grammatischen Struktur als auch im Wortschatz einander ziemlich nahe, nicht nur im Grundwortschatz, sondern auf allen Ebenen
der Sprache. So ist die im 19. Jahrhundert verstärkt auftretende Behauptung zu verstehen, „jemand der Türkisch beherrsche, könne
ohne sprachliche Schwierigkeiten vom Balkan bis nach China reisen".

Die Sprachgeschichte des Türkischen läßt sich wie die Geschichte
der Türken bis in das 7. Jahrhundert n. Chr. zurückverfolgen. Die ältesten Sprachdenkmäler (eine Art „türkischer Runen") der Turksprachen stellen die Inschriften (meist religiösen Inhalts) der „Köktürken"
am Orchon, dem Grenzfluß zwischen der ehem. UdSSR – jetzt Burjätische Republik – und der Mongolei und am Jenissej in Zentralasien aus
dem 8. Jahrhundert dar. An die Stelle des „Alt- oder Köktürkischen"
trat Mitte des 8. Jahrhunderts das „Uigurische". Die „Uiguren" waren
vom 9.–14. Jhd. im Tarim-Becken, d. i. die Taklan Makan-Wüste, beheimatet. Das Uigurische hat die größte Verbreitung gefunden. Es sind
bedeutende Handschriftenreste und Inschriften manichäischer und
buddhistischer Literatur aus dem Uigurischen erhalten, darunter die
sogenannten *Turfan-Texte* aus Ostturkestan, der heutigen Provinz Xinjang in der VR China, die vor allem von deutschen Gelehrten entdeckt
und erforscht wurden.

Bei den meisten Turkvölkern ging die Übernahme der arabischen
Schriftzeichen mit der Hinwendung zum Islam einher. Die literarischen Denkmäler der Karachaniden in Ost- und Westturkestan aus
dem 9.–11. Jhd. standen schon unter dem Einfluß des Islam, ebenso
die späteren Literatursprachen, wie das „Chwaresmische" – belegt
vom 13.–14. Jhd. in Transoxanien und Chorasan – und das „Tschagataische" oder Osttürkische, das vom 15.–19. Jhd. in Zentralasien vorherrschte. Ab dem 11. Jahrhundert spricht man von der Periode des
Mittelhochtürkischen.

Die literarische Schriftlichkeit der nach Anatolien gewandten Türken – der Oghusen – entfaltete sich im 13. Jahrhundert – ebenfalls im
Zeichen des Islam. Das heutige Türkeitürkisch geht in signifikanter

sprachlicher Kontinuität auf das „Oghusische" zurück. Aus dem West-türkischen oder Oghusischen entwickelte sich durch die Etablierung des Osmanischen Reiches das sogenannte „Osmanische" als offizielle Schriftsprache.

OSMANISCH

Das aus den anatolischen Dialekten des Oghusischen abgeleitete Osmanische (Osmanlıca) stieg durch die Vorherrschaft und Ausdehung des Osmanischen Reiches im 15./16. Jahrhundert zur „Lingua Franca" vom Maghreb (Algerien) bis zur Balkanhalbinsel auf.

Die Entwicklung des Osmanischen wird in drei Perioden gegliedert: Alt- (13.–15. Jhd.), Mittel- oder Hochosmanisch (bis etwa 1850) und Neuosmanisch (1850–1928). Infolge der zahlreichen Entlehnungen arabischer und persischer Wörter bildete sich in lexikalischer Hinsicht eine Mischsprache heraus, in welcher der türkische Satzbau jedoch unberührt blieb. Zudem differierte das Osmanische stark nach den sozialen Schichten: die gebildete Oberschicht bediente sich der feinen Sprache der Poesie mit sehr hohem persischen Wörteranteil; daneben bestand die von arabischem Wortschatz geprägte Beamten- und Verwaltungssprache. Die Sprache des einfachen Volkes verfügte nur über einen begrenzten, fest eingebürgerten Anteil von arabisch-persischen Wörtern und blieb dem ursprünglichen „Türkisch" am nächsten verhaftet. Das in arabischer Schrift geschriebene Osmanisch war also nicht Allgemeingut des ganzen Volkes, sondern nur auf eine schmale Führungsschicht beschränkt. Es existierten in osmanischer Zeit (15. bis frühes 20. Jhd.) drei Sprachebenen nebeneinander, die wenig Berührungspunkte aufwiesen.

DAS TÜRKISCHE (TÜRKEITÜRKISCH)

Das (Neu-)Türkische als Nachfolgesprache des Osmanischen ist das Ergebnis der Sprachreform Mustafa Kemal Atatürks, des Gründers der Türkischen Republik (Türkiye Cumhuriyeti, Abk. T.C.). Am 3. November 1928 wurde die neue Staatssprache offiziell eingeführt. In nur dreimonatiger Tätigkeit wandelte man das bisher in arabischer Schrift geschriebene Osmanisch in eine zum großen Teil vom arabischen und persischen Wortschatz bereinigte, in lateinischen Buchstaben geschriebene Nationalsprache um. Bei der Sprach-Purifizierung griff man auf älteres türkisches Sprachgut zurück oder schuf künstliche Wörter. Die Verbreitung geschah durch Presse und Schule. Vor allem die jungen Literaten avancierten zu Vorreitern der neuen Sprache. Da das Medienwesen zum damaligen Zeitpunkt keineswegs mit dem heutigen zu vergleichen ist und zudem 90 % der Bevölkerung Analphabeten waren, traten zwischen den Generationen Verständigungsschwierigkeiten auf. Es wurde daher die Pflicht für alle Erwachsenen bis zum Alter von 40 Jahren eingeführt, an einem Lese- und Schreibunterricht teilzunehmen. Damit konnte die Analphabetenquote innerhalb relativ kurzer Zeit auf unter 50 % gesenkt werden.

Die Hinwendung zu Europa und damit die radikale Abkehr von der osmanisch-orientalischen Tradition hat seine Ursachen in der politischen Vorgeschichte, auf die hier nicht näher eingegangen werden kann. Es sei angemerkt, daß die von Atatürk ins Leben gerufene Sprachreform bis vor kurzem anhielt und im Laufe der vergangenen 70 Jahre 90 % des arabisch-persischen Wortschatzes getilgt hat – freilich zugunsten vieler neu eingeführter Wörter aus den europäischen Sprachen.

Die Einführung des lateinischen Alphabetes hat sich für das Türkische als sehr vorteilhaft erwiesen, da die arabische Schrift in Bezug auf die Vokale höchst mangelhaft und das Lesen eines Textes stets mit Rätselraten verbunden war. Das Türkische besitzt acht Vokale, das arabische Alphabet verfügt jedoch nur über drei Vokalzeichen (a, u, i), wovon zwei auch als Konsonanten (v, y) dienen. Hinzu kam, daß gemeinhin nur die Konsonanten geschrieben werden. Allerdings mußten den lateinischen Schriftzeichen vier neue Buchstaben zugefügt werden. Die Schreibweise ausländischer, vornehmlich französischer Wörter erfolgt nach dem Lautprinzip, d.h. es wird so geschrieben, wie es ausgesprochen wird, um auch einen „Ungebildeten" in die Lage zu versetzen, ein Wort wie *Chauffeur* (türk.: şoför) oder *retard* (rötar) richtig auszusprechen.

Sprachstruktur: Die Charakteristika der türkischen Sprache

Vokalharmonie

Das Türkische zeichnet sich durch Vokalharmonie aus, d.h., es besitzt vier helle und vier dunkle Vokale. In einem rein türkischen Wort können daher nur Vokale einer Gruppe vorkommen.

Helle Vokale (präpalatale)	e	i	ö	ü
Dunkle Vokale (postpalatale)	a	ı	o	u

Es wird nach der kleinen und der großen Vokalharmonie unterschieden:

Kleine Vokalharmonie	e	i	ö	ü	→	*e*
	a	ı	o	u	→	*a*

Die große Vokalharmonie unterscheidet vierfach zwischen:

e	i	→	*i*	ö	ü	→	*ü*
a	ı	→	*ı*	o	u	→	*u*

Die Anwendung unterliegt festen Regeln.

Armut an Konsonantenverbindungen

Durch den Vokalreichtum ergibt sich fast zwangsläufig eine Armut an Konsonantenverbindungen. Eine Konsonantenverdoppelung erfolgt nur durch Anfügung bestimmter Suffixe oder bei arabischen Wörtern (z.B. hak (Recht) wird zu ha*kk*ı (sein/ihr Recht), di*kk*at (Vorsicht)). Konsonantenhäufungen gibt es nur bei Lehnwörtern (z.B. *tr*en (Zug); fi*lm* (Film); *sp*or (Sport); häufig wird ein Sproßvokal vor- oder dazwischen gesetzt: *is*tasyon (Bahnhof).

Agglutination

Ein weiteres Charakteristikum ist die Agglutination, d.h., Wortbildung, Deklination und Konjugation vollziehen sich durch das Anfügen/Anleimen von Suffixen (Endungen) an den Stamm. Der Stamm kann Suffixe in großer Zahl annehmen, in der Verbindungsordnung wirken aber strikte Regeln.

Beispiel:

evdeyim	→ ev-de-y-im	Ich bin zu Hause.
evdeymişim	→ ev-de-y-miş-im	Ich *soll* zu Hause gewesen sein.
ev		Haus
de		Lokativ *im/zu* (kl. Vh)
y		Füllkonsonant für *i* von *imiş* (gr. Vh)
miş		Vergangenheitsform, die die Aussage vom Sprecher distanziert
im		Personalsuffix 1. Person Singular (gr. Vh)

Ein schönes Beispiel für die Möglichkeiten der türkischen Grammatik, einen komplizierten Satz in einem Wort auszudrücken, soll hier gezeigt werden (aus „Türkisch für Sie" von M. Ersen-Rasch):

Batılılaştırılamayacaklardanmışız   Wir gehören angeblich zu denjenigen, die nicht europäisiert/verwestlicht werden können.

Batı	Westen
lı	Suffix zur Adjektivisierung *westlich*
laş	Verbbildungssuffix: allmähliches Werden
tır	Kausativsuffix
ıl	Passivsuffix
ama	Unmöglichkeitsform *nicht können*
y	Füllkonsonant zwischen zwei Vokalen
acak	Futursuffix
lar	Pluralsuffix
dan	Ablativ *von*
mış	*imiş*-Vergangenheit (siehe oben!)
ız	Personalsuffix 1. Person Plural *wir*

**Fehlen des grammatischen Geschlechts; Bestimmtheit −
Unbestimmtheit; keine Präpositionen**

Das Türkische kennt kein grammatisches Geschlecht und keine Artikel. Der unbestimmte Artikel wird durch das Zahlwort *bir* ausgedrückt, ist aber nicht unbedingt erforderlich. Das türkische Substantiv sagt nichts über Bestimmtheit und Unbestimmtheit aus, und der Singular kann auch in Kollektivbedeutung für den Plural stehen (z.B. *ev* Haus, ein Haus, Häuser).

Personen- und Berufsbezeichnungen sind ebenfalls geschlechtslos, können aber durch einen Zusatz genauer definiert werden: *kardeş* (Geschwister), *kız kardeş(i)* (Schwester); *erkek kardeş(i)* (Bruder); *arkadaş* (Freund), *kız arkadaş(ı)* (Freundin); *doktor* (Arzt/Ärztin), *doktor hanım* (Ärztin); aber: *kadın doktoru* (Frauenarzt).

Präpositionen müssen durch Postpositionen oder durch eine Genitivkonstruktion mit Fallendung umschrieben werden:

annem *için*	für meine Mutter (Mutter-meine für)
duyduğuma *göre*	nach dem, was ich gehört habe (meinem Gehörthaben zufolge)
ev*in* yan*ın*da	neben dem Haus (des Hauses Seite seine an)
müze*nin* arka*sın*da otel var	hinter dem Museum gibt es ein Hotel (des Museums Hinterseite-seine-an Hotel gibt es)

Fehlen von Nebensätzen; Wiedergabe von deutschen Nebensätzen; Verbalsubstantive

Das Türkische kennt keine Nebensätze, ist dafür aber reich an Verbalsubstantiven und Verbaladverbien sowie Partizipien, die im Satzbau, dem die Subordination fremd ist, eine wichtige Rolle spielen. Der Satzbau folgt dem Schema S-O-V (Subjekt-Objekt-Verb/Prädikat). Der einfache Satz hat also die Struktur des deutschen Nebensatzes:

Ali kitab okuyor. (Ali ein Buch liest.)	Ali liest ein Buch/Bücher (im Gegensatz zu Zeitungen oder dgl.).

In komplizierteren Sätzen können Nebensätze in adjektivischem Gebrauch stehen:

Beispiele mit Verbalnomen:

Akşam ev*e* geç git*tiğim* için babam kızdı.	Weil ich am Abend spät nach Hause ging, war mein Vater böse. (Wegen meines Spätnachhausegehens war mein Vater böse.)

Babasının Türk olduğunu öğren*diğimiz* öğretmenimiz haftaya Türkiye'ye gelecek.	Unser Lehrer, über den wir erfahren haben, daß sein Vater Türke ist, wird nächste Woche in die Türkei fahren. (Vater-seines Türke-Sein Erfahrenhaben-unser Lehrer-unser nächste Woche in die Türkei fahren wird.)
Annesine telefon et*tiğim* kız arkadaşım hasta.	Meine Freundin, deren Mutter ich angerufen habe, ist krank. (Mutter-ihre Angerufenhaben-mein Freundin-mein ist krank.)

Beispiel mit Partizip Präsens:

Annesi hasta *olan* kız arkadaşımı ziyaret ettim.	Ich habe die Freundin besucht, deren Mutter krank ist. (Mutter-ihre krankseiende Freundin-mein habe ich besucht.)

Beispiele mit Verbaladverbien:

Çocuk gül*erek* odaya girdi.	Das Kind betrat das Zimmer, *indem* es lachte. (lachend)
Çocuk gül*erken* odaya girdi.	Das Kind betrat das Zimmer, *während* es lachte.
Çocuk odaya gir*ip* güld*ü.*	Das Kind betrat das Zimmer *und* lachte.
Çocuk odaya gir*ince* güldü.	*Sobald* das Kind das Zimmer *betrat*, lachte es.
Çocuk odaya gir*dikçe* güldü.	*Jedesmal*, wenn das Kind das Zimmer betrat, lachte es.
Çocuk gül*meden* odaya girdi.	Das Kind betrat das Zimmer *ohne zu* lachen.

Satzbau

Aus diesen Beispielen kann man ersehen, daß die Schwierigkeiten beim Erlernen des Türkischen im Satzbau und in der Satzanalyse liegen und ein völliges Umdenken erfordern. Dennoch steht Türkisch wegen seiner Regelmäßigkeit der Konjugationen und Deklinationen und des fehlenden Geschlechts in dem Ruf, leicht erlernbar zu sein.

Da das Subjekt nicht unbedingt *expressis verbis* genannt werden muß, da es ja aus der Personalendung des Verbums eindeutig hervorgeht, wird der türkische Satz am besten von hinten aufgelöst. Zur Verdeutlichung dient eine Satzpyramide:

aldım.

bu kitabı aldım.

Erol'dan bu kitabı aldım.

kursta Erol'dan bu kitabı aldım.

dün kursta Erol'dan bu kitabı aldım.

(ben) dün kursta Erol'dan bu kitabı aldım.

(Ich habe gestern im Kurs von Erol dieses Buch bekommen.)

Wenn nun mehrere – unseren Nebensätzen entsprechende – Satzgefüge in einem Satz vorkommen, wird bei der Analyse dieser Satzteile ebenso vorgegangen. Das Satzgefüge allerdings kann – ganz schematisch gesehen – aus einem komplizierten zusammengesetzten Riesenattribut plus Subjekt plus Prädikat bestehen. Hiermit wird klar, daß „die Agglutination nicht nur als Mittel zum Aufbau kleinerer, selbständiger Wortgruppen, die analytisch zu einem größeren übersichtlich gegliederten Ganzen gefügt werden, dient, sondern sie (die Agglutination) setzt Wörter und Wortgruppen synthetisch zu einem Wortkoloß zusammen, der durch ein abschließendes bedeutungsleeres Zeitsuffix zum Satz wird" (zitiert nach Wendt, Stichwort: Türkeitürkisch).

LAUTUNG UND SCHREIBUNG

Das türkische Alphabet (29 Buchstaben)

Buchstabe		türkische Bezeichnung	Aussprache
A	a	a	meist kurz und dunkel
B	b	be	wie im Deutschen
C	c	ce	*dsch* wie in *Dsch*ungel
Ç	ç	çe	*tsch* wie in *Tsch*eche
D	d	de	wie im Deutschen
E	e	e	meistens kurz und offen,
F	f	fe	wie im Deutschen
G	g	ge	1. wie im Deutschen 2. vor *â* und *û* sehr hell, als ob ein *i* mitgesprochen wird
–	ğ	ge yumuşak	1. dehnt davorstehende Vokale 2. zwischen *e, i, ö, ü* leichter *j*-Laut 3. zwischen *a, ı, o, u* unausgesprochen
H	h	he	1. am Silbenanfang wie im Deutschen 2. am Silbenende ein schwaches *ch*
I	ı	ı	kurzes, sehr dumpfes *i*, ähnlich wie *e* in komm*e*n
İ	i	i	meistens kurz und offen
J	j	je	wie französisches *j* in *J*ournal
K	k	ke	1. mit *e, i, ö, ü* wie im Deutschen 2. mit *a, ı, o, u* etwas dunkler 3. vor *â* und *û* sehr hell, als ob ein *i* mitgesprochen wird
L	l	le	1. mit *e, i, ö, ü* wie im Deutschen 2. mit *a, ı, o, u* ziemlich dunkel 3. vor *â* und *û* fast wie im Deutschen
M	m	me	wie im Deutschen
N	n	ne	wie im Deutschen

O	o	o	meistens kurz und offen
Ö	ö	ö	meistens kurz und offen
P	p	pe	wie im Deutschen
R	r	re	1. am Anfang und im Innern eines Wortes gerolltes Zungenspitzen-*r* 2. am Ende eines Wortes zischendes Zungenspitzen-*r*
S	s	se	stimmloses *s* wie in Roß
Ş	ş	şe	wie deutsches *sch*
T	t	te	wie im Deutschen
U	u	u	meistens kurz und offen
Ü	ü	ü	meistens kurz und offen
V	v	ve	ähnlich dem deutschen *w*
Y	y	ye	wie deutsches *j*
Z	z	ze	stimmhaftes *s* wie in Sonne

VOKALE

Das Türkische verfügt über acht Vokale, vier präpalatale (*e, i, ö, ü*) und vier postpalatale (*a, ı, o, u*). Sie werden kurz und offen gesprochen, nur in Fremdwörtern kommen lange Vokale vor.

Buchstabe	Erläuterung	Beispiele		

Helle Vokale:

e	wie in Äste	*ev*	(äv)	Haus
	e der ersten Silbe	*beş*	(bäsch)	fünf
	vor *i* in der zweiten	*beşik*	(bäschik)	Wiege
	Silbe hat geschlossene Qualität	*sekiz*		acht
i	wie in Kind	*biz*		wir
ö	wie in öfter	*özel*		persönlich
ü	wie in Tür	*üzüm*		Weintraube

Dunkle Vokale:

a	wie in St*a*dt	*ak*ş*am*	Abend
ı	wie in bitt*e*n	*kız*	Mädchen
o	wie in S*o*nne, kommt in rein türkischen Wörtern nur in der ersten Silbe vor und hat eine leicht geschlossene Aussprache	d*o*kuz *o*yun	neun Spiel
u	wie in M*u*tter	*uzu*n	lang

Beachte: Der einzige im Deutschen nicht vorhandene Vokal ist das *ı* ohne Punkt *ı*. Es ist ein dumpfes, getrübt ausgesprochenes *i*, das man mit gespreizten Lippen, gewölbtem Gaumen und zurückgenommener Zunge ausspricht, ähnlich dem deutschen *e* in einer geschlossenen Endsilbe, wie z. B. dank*e*n, lach*e*n.

KONSONANTEN

Die türkischen Konsonanten unterscheiden sich in weiche (stimmhafte) und harte (stimmlose):

Stimmhaft: c, b, d, g, l, m, n, r, v, y
Stimmlos: ç, f, h, k, p, s, ş, t

Die Aussprache ist im allgemeinen ähnlich der deutschen. Das *weiche g* ist nur schwach hörbar. Zwischen hellen Vokalen wird es wie deutsches *j* gesprochen; zwischen dunklen Vokalen ist es kaum hörbar: yoğurt ~ yo-urt, ağız ~ a-ız (Mund). Seine häufigste Verwendung findet es beim Konsonantenwandel von *k > ğ* (siehe Seite 14).

Doppelkonsonanz

Doppelkonsonanz gibt es bis auf wenige Ausnahmen* in türkischen Wörtern nicht. Sie kommt nur bei Anhängung von konsonantisch beginnenden Endungen an konsonantisch auslautende Wörter oder

*anne (Mutter), *elli* (fünfzig), *belli* (deutlich), *yassı* (flach, platt).

Verbalstämme vor. Doppelkonsonanten werden deutlich vernehmbar getrennt gesprochen:

git-ti	er ist gegangen	el-ler	Hände
git-tiler	sie sind gegangen	yol-lar	Wege

Die in arabischen Wörtern vorhandene Doppelkonsonanz (wie z.B. *tüccar* (Kaufmann), *cadde* (Straße)) wird in der türkischen Orthographie im Auslaut eines Wortes nicht berücksichtigt. Sie tritt jedoch wieder ein, wenn ein vokalisch anlautendes Suffix oder das Verb *etmek* folgt:

af	Verzeihung	affetmek	verzeihen
hak	Recht	hakkınız	ihr Recht
his	Gefühl	hissetmek	fühlen

Konsonantenwandel

d > t

Die stimmlosen Konsonanten bewirken am Ende eines Wortes, dem eine Silbe mit *d* angehängt wird, eine Veränderung zu *t:* Dies ist mit folgendem Merkspruch leicht zu erinnern:

Fe PaŞa ÇoK HaSTa.	*Fe Pascha ist sehr krank.*

kitap	kitap*t*an	aus dem Buch
iş	iş*t*e	bei der Arbeit
sokak	sokak*t*a	auf der Straße
Paris	Paris'*t*e	in Paris

ç, k, p, t > c, ğ, b, d

Diese Veränderung erfolgt nach vokalischer Anhängung zwischen zwei Vokalen:

kitap	kita*b*ım	mein Buch
borç	bor*c*um	meine Schuld
küçük	küçü*ğ*üm	ich bin klein/jung
kâğıt	kâ*ğ*ı*d*ın	dein Papier

Merke: Es gibt drei Ausnahmen aus dem Persischen: *renk > rengi* (Farbe), *denk > dengi* (Gleichgewicht) sowie *tüfenk > tüfengi* (Gewehr).

Bei einsilbigen und einigen mehrsilbigen Wörtern bleiben die stimmlosen Konsonanten unverändert:

at	atım	mein Pferd
ip	ipin	dein Strick
kürk	kürkü	sein Pelz
top	topunuz	euer Ball
kibrit	kibritimiz	unser Streichholz

VOKALHARMONIE

Ein Charakteristikum der türkischen Sprache ist die Vokalharmonie,
die zwischen hellen und dunklen Vokalen unterscheidet. Das Gesetz
der Vokalharmonie zieht sich durch die ganze türkische Formenlehre.
Ein rein türkisches Wort enthält bis auf einige Ausnahmen (siehe
unten) entweder nur helle oder nur dunkle Vokale:

Helle (vordere) Vokale:	*e, i, ö, ü*
Dunkle (hintere) Vokale:	*a, ı, o, u*

Ausnahmen bilden folgende türkische Wörter bzw. Suffixe:

– *anne* (Mutter), *elma* (Apfel), *kardeş* (Bruder/Schwester), *şişman*
(dick), *hangi* (welcher), *dahi* (auch), *inanmak* (glauben);
– die Suffixe *-yor, -ken, -ki, -leyin* (Besprechung siehe in den einzelnen
Kapiteln);
– aus anderen Sprachen übernommene Fremdwörter, wie: *cami*
(Moschee), *misafir* (Gast), *otobüs* (Omnibus), *televizyon* (Fernseher).

Die kleine Vokalharmonie

Die kleine Vokalharmonie unterscheidet zwischen den hellen und
dunklen Vokalen, d.h., der Vokal des Suffixes lautet entsprechend
dem letzten Vokal des Wortes, an den das Suffix tritt:

e, i, ö, ü → e
a, ı, o, u → a

Die kleine Vokalharmonie tritt unter anderem bei den Suffixen des
Plurals (*-ler/-lar*), bei den Kasusendungen des Dativs (*-e/-a*, bei vokalischem Auslaut *-ye/-ya*), Lokativs (*-de/-da*) und Ablativs (*-den/-dan*) auf:

Plural	ev	ev*ler*	Häuser
	oda	oda*lar*	Zimmer
Dativ	ev	ev*e*	nach Hause
	oda	oda*ya*	in das Zimmer
Lokativ	ev	ev*de*	im Haus
	oda	oda*da*	im Zimmer
Ablativ	ev	ev*den*	aus dem Haus
	oda	oda*dan*	aus dem Zimmer

Die große Vokalharmonie

Die Vokale der Suffixe nach der großen Vokalharmonie sind vierfach und lauten: *i, ı, ü, u.* Es ergibt sich folgendes Schema:

e, i → i	ö, ü → ü
a, ı → ı	o, u → u

Die große Vokalharmonie tritt unter anderem bei den Suffixen der Kasusendungen des Genitivs (*-in/-ın/-ün/-un,* bei volkalischem Auslaut *-nin/-nın/-nün/-nun*) und des Akkusativs (*-i/-ı/-ü/-u,* bei vokalischem Auslaut *-yi/-yı/-yü/-yu*), bei allen Personal- und Possessivendungen sowie bei der Fragepartikel *mi* auf (Beispiele bei den grammatischen Kapiteln).

BETONUNG

Die Betonung der türkischen Wörter liegt auf der letzten Silbe. Treten Suffixe daran, so geht der Ton im allgemeinen auf das Suffix, bei mehreren Suffixen auf das letzte Suffix über:

akşám	Abend	anné	Mutter
akşamlár	Abende	annelér	Mütter
akşamlardá	an den Abenden	annelerdén	bei den Müttern

Manche zweisilbigen Adverbien und Konjunktionen haben den Ton auf der ersten Silbe:

| bélki | vielleicht | hénüz | noch |
| násıl | wie? | hángi | welcher? |

Bei Reduplikationssilben an Adjekten liegt die Betonung auf diesen:

| bémbeyaz | schneeweiß | kípkırmızı | ganz rot |
| yépyeni | ganz neu | çárçabuk | ganz schnell |

Städte- und Ortsnamen werden meist auf der vorletzten Silbe betont, manche mehrsilbigen aber auch auf der ersten Silbe:

| İstánbul | Edírne | Antálya | Malátya | Erzíncan |
| Ánkara | Ádana | Érzurum | İzmir | Sínop |

Fremdwörter behalten meistens ihre ursprüngliche Betonung bei. Bei Anfügung von Suffixen wird häufig die letzte Silbe betont:

| bánka | bánkadán | von der Bank | lokánta | lokántadá | im Gasthaus |
| rádyo | rádyodá | im Radio | tiyátro | tiyátrodá | im Theater |

Merke: Kopulativsuffixe (güzél*sin*), Verneinungssuffixe (gél*miyorum*), Fragesuffixe (gél*iyor musun*) sowie suffigierte Formen von *idi, ise, imiş, iken* und *ile* sind nicht betont.

GROSSSCHREIBUNG

Im Türkischen werden Eigennamen von Personen, Völkern, Sprachen, Orts- und Ländernamen groß geschrieben.

Bei der Bezeichnung von Ämtern, Institutionen sowie Titeln und Kapitelüberschriften, die aus mehreren Wörtern bestehen, beginnt jedes Wort mit Großbuchstaben (mit Ausnahme von *de, ile, ki, ve, ya* und *mi*).

Darüber hinaus werden auch Titel vor Eigennamen, Anschriften und Anreden (z.B. Profesör, Direktör) sowie Monatsnamen bei Tages- und Jahresangaben (29 Ekim 1923) groß geschrieben.

ZUSAMMENSCHREIBUNG

Zusammenschreibung kommt bei türkischen Wörtern selten vor, es sei denn bei festen Begriffen, Eigennamen oder Titeln:

önsöz	Vorwort	işveren	Arbeitgeber
Akdeniz	Mittelmeer	başbakan	Ministerpräsident
yeryüzü	Erdoberfläche	yılbaşı	Neujahr

SILBENTRENNUNG

Die Silbentrennung richtet sich nach den Sprechsilben:

ar-ka-daş-lar	die Freunde	ev-de-ler	sie sind zu Hause
gös-ter-mek	zeigen	gel-e-bil-ir-im	ich kann kommen
a-ğır-laş-tır-mak	schwerer machen	a-ğır-laş-tı-rı-yor	er erschwert

Eine türkische Silbe kann nur mit einem Konsonanten beginnen. Zwei Konsonanten am Wortanfang kommen nur in Fremdwörtern aus europäischen Sprachen vor und erhalten daher einen Hilfsvokal vor- bzw. zwischengeschaltet:

is-tas-yon	Bahnhof	is-ta-tis-tik	Statistik
kır-al	König (slaw.)	İs-pan-ya	Spanien
prog-ram	Programm	prog-ram-la-yı-cı	Programmierer

APOSTROPH

Ein Apostroph steht im Türkischen bei Eigennamen und Ortsbezeichnungen, wenn eine Silbe angehängt wird:

İstanbul'da	in Istanbul	Avrupa'da	in Europa
Ankara'ya	nach Ankara	Türkiye'ye	in die Türkei

sowie bei Abkürzungen und nach Zahlen:

PTT'de	im Post-, Telegramm- und Telefonamt
TCDD'da	bei der Türkischen Staatseisenbahn
1990'da	im Jahre 1990
1'inci, 2'nci, 3'üncü	der erste, zweite, dritte

ZIRKUMFLEX

Ein Zirkumflex kommt vor bei arabischen und persischen Wörtern auf *a* und *u* und nach *k* und *g* zur Längung und Erhellung der vorangegangenen Konsonanten, wobei in *g* und *k* ein kurzes *i* zu hören ist:

dükkân (dükk^{i}ân)	Laden	rüzgâr (rüzg^{i}âr)	Wind
kâğıt (k^{i}âğıt)	Papier	sükûn (sük^{i}ûn)	Ruhe

Und zur Unterscheidung gleich geschriebener Wörter, wobei die Unterscheidung durch Zirkumflex immer mehr aufgegeben und nur mehr durch den Kontext unterschieden wird:

âdet	Gewohnheit	adet	Zahl
âlem	Welt	alem	Flagge
hâlâ	noch	hala	Tante

Beachte: î zur Adjektivbildung arabischer und persischer Substantive wird kaum mehr verwendet: *millî* = *milli* (national), *siyasî* = *siyasi* (politisch) usw.

KOMMASETZUNG

Die Kommaregeln sind im Türkischen aufgrund der fehlenden Nebensätze nicht so stark ausgeprägt wie im Deutschen. Trotzdem wird das Komma in folgenden Fällen gebraucht:

1. Das Komma wird besonders in längeren Sätzen gebraucht, um das Subjekt hervorzuheben und Mißverständnisse zu vermeiden:

Gülay, daha fazla beklememek için, bir taksiye bindi.	Gülay ist, um nicht länger zu warten, in ein Taxi eingestiegen.

2. Bei fehlendem *ist* in Verbindung mit Demonstrativpronomen:

Bu, kitap mı?	Ist das ein Buch?
Bu kitap çok ilginç.	Dieses Buch ist sehr interessant.

3. Das Komma steht bei Aufzählungen zwischen Wörtern gleicher Wortart, wenn sie nicht durch *und* bzw. *oder* hervorgehoben sind:

Bir gömlek, bir kravat, bir pantalon dükkânda gördüm.	Ich habe im Laden ein Hemd, eine Krawatte, eine Hose gesehen.
Kitap, gazete, dergi aldım.	Ich habe Bücher, Zeitungen und Zeitschriften gekauft.

4. Um Wortgruppen und Satzgefüge anzuzeigen:

Geldi, çay içti, evden çıktı.	Er kam, trank Tee und verließ das Haus.

5. Nach der direkten Rede ohne Anführungszeichen:

Doktor, perhiz yapsın, dedi.	Der Arzt sagte: Sie soll Diät halten.
Yarından itibaren perhiz yapacak, diye cevap verdim.	Sie wird ab morgen Diät halten, antwortete ich.

6. Nach *ki* in der Bedeutung von *daß*:

Dedi ki, bu sene Türkiye'ye gidecek.	Er sagte, daß er dieses Jahr in die Türkei fahren werde.

Fremdwörter und ihre Schreibweise im Türkischen

Lehnwörter aus dem Arabischen und Persischen wurden zum größten Teil seit der Sprachreform (1928) durch türkische Wörter ersetzt oder in Anlehnung an Wörter aus den zentralasiatischen Turkdialekten abgeleitet bzw. neugebildet. Die verbliebenen arabischen und persischen Wörter werden als Synonyme gebraucht:

imkân (arab.)	olanak (neutürk.)	Möglichkeit

Im Gegenzug flossen aus den europäischen Sprachen (hauptsächlich aus dem Französischen) durch die gegenseitigen Kulturbeziehungen neue Wörter ein. Sie wurden überwiegend phonetisch in das Türkische übernommen, wobei sie häufig sehr entstellt erscheinen:

şoför	Chauffeur	asansör	Aufzug
hoparlör	Lautsprecher	rötar	Verspätung
maç	Match	futbol	Fußball

Grammatische Fachausdrücke und ihre Bedeutung im Deutschen

Ablativ (-den hali, çıkma durumu)	Woherfall, 6. Fall, (türk.) Ableitungsfall: Ich habe einen Brief *aus der Türkei* erhalten; *von Ali* (*Türkiye'den* bir mektup aldım; Ali*'den*).
Adjektiv (sıfat)	Eigenschaftswort: das *hübsche* Mädchen
Adverb (zarf, belirteç)	Umstandswort: er grüßt *freundlich*

Akkusativ (-i hali, belirtme durumu)	Wenfall, 4. Fall: Sie kauft *das Buch* für *einen Freund*.
Aorist (geniş zaman)	(türk.) 2. Gegenwartsform (*r*-Gegenwart): gide*r*, anla*r*
Äquativ	Adjektiv, das die Art und Weise wiedergibt (im Deutschen nicht vorhanden); (türk.) Beispiel: bence – meiner Meinung nach, güzelce – ziemlich schön, Almanca – (auf/in) Deutsch (nur die Sprache betreffend; vgl. Alman – deutsch).
Artikel (tanım edati)	Geschlechtswort: *der* Vater, *die* Mutter, *das* Kind (im Türkischen gibt es nur den unbestimmten Artikel *bir* (ein))
Dativ (-e hali, yönelme durumu)	Wemfall, 3. Fall, (türk.) Richtungsfall: Ich habe *ihm/ihr* ein Buch gegeben, *nach* Istanbul (On*a* bir kitap verdim, Istanbul'*a*)
Deklination (ismin hali, ad çekimi)	Beugung von Hauptwörtern (im Türkischen 6 Fälle): *der* Wagen, *des* Wagens, *dem* Wagen (türk. auch: *in den* Wagen), *den* Wagen (türk.: *im* Wagen, *aus dem* Wagen)
Demonstrativpronomen (işaret zamiri)	hinweisendes Fürwort: *dieser* (hier), *der* (da), *jener* (dort), *solcher*
Fragepartikel (soru eki)	Beziehungswort zur Kennzeichnung von Ja/Nein-Fragen (türk. *mi,* deutsch manchmal: *denn, ob*); deutsch durch Umstellung: Ich kenne dich – *kenne ich* dich?
Fragepronomen (soru zamiri)	Fragefürwort: *wer, wessen, wem, wen; was, welcher* usw.
Futur (gelecek zaman)	Zukunftsform: Wir *werden* morgen *abfahren*.
Genitiv (-in eki, isim takımı)	Wesfall, 2. Fall: die Parks *der Stadt*, die Häuser *des Mannes*

Genus (cins)	grammatisches Geschlecht (männlich, weiblich, sächlich) der Hauptwörter (im Türkischen: keine Unterscheidung)
Imperativ (emir kipi)	Befehlsform: *geh, geht!*
Imperfekt (etwa: -miş'li geçmiş zaman)	Vergangenheitsform des Zeitwortes: *ich ging*
Infinitiv (eylemlik, mastar)	Nenn- oder Grundform des Tätigkeitswortes: *gehen, fahren*
Interrogativpronomen (soru adılı, istifham zamiri)	fragendes Fürwort: *wer?, wem?, wohin?*
Interjektion (ünlem)	Empfindungswort, Ausruf: *ah!, oh!*
intransitiv (geçissiz)	bei Zeitwörtern: kein Objekt bei sich habend, z.B.: *gehen, tanzen*
irreal (varsayımlı)	unwirklich (in bezug auf Bedingungssätze)
Irrealis	Modus der Unmöglichkeit: *wenn ich reich wäre* (hypothetisch)
Kasus (ad durumu)	Fall; Form der Beugung von Haupt- oder Eigenschaftswörtern
Kausativ (ettiren çatı)	Veranlassung des Verbgeschehens: *gehen lassen, schneiden lassen*
Komparativ (sıfatlarda artıklık)	1. Steigerungsstufe des Eigenschaftswortes: *gut – besser, schön – schöner*
Konditional (şart kipi)	Bedingungsform: Falls es erforderlich ist, *würden* wir kommen
Konjugation (eylem çekimi)	Beugung von Zeitwörtern: *ich sehe, du siehst, er sieht* usw.
konjugieren (çekmek)	die Beugung von Zeitwörtern durchführen
Konjunktion (bağlaç)	Bindewort: Sie ist traurig, *weil* er nicht kommt.
Konjunktiv (etwa: istek kipi, dilek-şart kipi)	(im Deutschen) Möglichkeitsform: wenn sie *käme*
Konsonant (ünsüz)	Mitlaut: *b, c, d, f, g* usw.
Konsonantenwandel	Veränderung von stimmlosen Mitlauten zu stimmhaften: çocu*k* – çocu*ğ*u; kita*p* – kita*b*ı

	oder von stimmhaften Mitlauten zu stimmlosen: barda*k* + *da* – barda*kta*.
Konverb (ulaç)	allgemeine Verbform im Türkischen, die verschiedene Beziehungen ausdrückt: *und* (-ip), *indem* (-erek), *während* (-iken)
Lokativ (-de hali, kalma durumu)	Wofall, 5. Fall (türk.) Ortsfall: Ich bin *im Haus* (ev*de*yim), *bei Eva* (Eva'*da*), *in Adana* (Adana'*da*) (im Deutschen durch Präpositionen ausgedrückt; im Türkischen durch -*de*).
Modalität (tarz)	Art und Weise des Geschehens, z. B.: Notwendigkeit, Möglichkeit, Bedingtheit usw.
Modalverb (tarzı belirten fiil)	Hilfsverben, die eine Modalität ausdrücken, z. B.: *sollen, müssen*
Möglichkeitsform	(türk.) -*ebil*-: gid*ebil*irsin (du *kannst* gehen)
Narrativ (hikâye, rivayet)	(türk.) Erzählform: Almanya'ya dön*müş* (Er ist (offenbar) nach Deutschland zurückgekehrt.)
Negation (olumsuzluk)	siehe unter *Verneinung*
Nezessitativ (gereklik kipi)	Notwendigkeitsform: Ihr *müßt* jetzt zurückkehren.
Nomen (isim)	Hauptwort: *Haus, Begegnung, Ferien* usw.
Nominativ (yalın durum)	Werfall, 1. Fall: *Vater* geht nach Hause.
Objekt (nesne)	Satzergänzung: Vater geht *nach Hause*.
Optativ (istek kipi)	(türk.) Wunschform: Bunu size ver*eyim* (Das *möchte* ich Ihnen geben); Çay iç*elim* (Wir *wollen* (jetzt mal) Tee trinken.)
Orthographie (imlâ, yazım)	Rechtschreibung
Partikel (edat)	Beziehungswörter, die weder Adverbien noch Konjugationen sind, z. B.: Es ist Zeit *zu* gehen.

Partizip (sıfat-fiil, ortaç)	Mittelwort: laufend, gelaufen.
Passiv (edilgen çatı)	Leideform: Die Schule *wird* geschlossen.
Perfekt (-dili geçmiş zaman)	Vergangenheitsform: Sie *ist* nach Istanbul *gefahren*.
Personalpronomen (kişi adılı, şahıs zamiri)	persönliches Fürwort: *ich, du, er* usw.
Personalsuffix (şahıs eki)	(türk.) Personalendung: *-(y)im, -sin* usw.; gidiyor-*um*, gidiyor-*sun* (*Ich gehe, du* gehst); evde-*y-im* (*Ich bin zu Hause*)
phonetisch (fonetik)	(Fremdwörter wurden) in der Schreibweise der Aussprache angeglichen; z.B.: şö*för, likör*
Plural (çoğul)	Mehrzahl: *die Häuser*
Plusquamperfekt (-dili, -mişli geçmişli geçmişin hikâyesi)	Vorvergangenheit: Ich *hatte* viele Reisen *unternommen*, als ich jung war.
Possessivpronomen (iyelik zamiri)	besitzanzeigendes Fürwort: *mein, dein* usw.
Possessivsuffix (iyelik eki)	(türk.) *-(i)m, -(i)n* usw.: ev*im*, ev*in* (*mein* Haus, *dein* Haus); anne*m*, anne*n* (*meine* Mutter, *deine* Mutter); entspricht den deutschen Possessivpronomen.
Postposition (ilgeç)	Verhältniswort, das nach dem Bezugswort steht: der Freundschaft *wegen*, der Ordnung *halber*.
Potentialis	Modus der Möglichkeit: *wenn ich nun reich wäre* (es könnte Realität werden)
Prädikat (yüklem)	Satzaussage: Ich *gehe* nach Hause. Du *mußt arbeiten*.
Präfix (ön ek)	Vorsilbe: *uner*fahren, *ent*gehen, *ver*gehen
Präposition (ön ilgeç)	Verhältniswort, das vor dem Bezugswort steht: *vor, für, im* usw.
Präsens (şimdiki zaman)	Gegenwartsform: *ich gehe* (gid*iyo-r*um; gide*rim*)

Pronomen (adıl zamir)	Fürwort: *er, sie, es* usw.
reflexiv (dönüşlü)	rückbezüglich: Er zieht *sich* an. (giy*i*niyor)
Reflexivpronomen ('kendi' zamiri)	rückbezügliches Fürwort: Er stellt *sich* vor. (türk.) *kendi.*
Rektion (yönetme)	Fähigkeit bestimmter Wortarten, den Fall eines abhängigen Wortes zu bestimmen.
Relativpronomen (etwa: ilgi zamiri)	bezügliches Fürwort: Wer ist der Herr, *den* du gegrüßt hast?
reziprok (işteş)	auf Gegenseitigkeit beruhend: *einander* grüßen
Singular (tekli)	Einzahl: *der* (oder *ein*) *Baum*
Stamm (gövde)	bedeutungstragender Bestandteil eines Wortes nach Ablösung der Suffixe, Deklinations- und Konjugationsendungen: *git* (Verbstamm von geh-en), *ev* (Haus; Substantiv)
Subjekt (özne)	Satzgegenstand: *Die Mutter* gibt dem Kind Milch.
Substantiv (ad, isim)	Hauptwort: *Haus, Freiheit, Markt* usw.
substantiviert (isimleşmiş)	zum Hauptwort gemacht
substantivierter Infinitiv (isim-fiil)	z.B.: *Das Arbeiten, Das Bauen*
substantivisch (isim olarak)	als Hauptwort gebraucht
Suffix (ek)	Endung, Ableitungssilbe: Tag-*ung,* Krank-*heit*
Superlativ (sıfatlarda üstünlük)	Höchststufe der Steigerung eines Eigenschaftswortes: gut − *am besten*; schön − *am schönsten (der* oder *die schönste)*
Tempus (zaman)	Zeitform: Gegenwart, Vergangenheit usw.
transitiv (geçişli)	bei Verben: ein Akkusativobjekt bei sich habend: (ein Kind) *stillen,* (Essen) *zubereiten.*
Unmöglichkeitsform (imkansızlık)	(türk.) -*(y)eme(z)*-: gide*me*m, gide*mez*sin (Ich *kann nicht* kommen, du *kannst nicht* kommen);

	bekle*ye*miyorum; bekle*yemez* misin: (Ich *kann nicht* warten, *kannst* du *nicht* warten?)
Verb (eylem, fiil)	Tätigkeits-/Zeitwort: *gehen, sagen, lachen* usw.
Verbaladverb (eylem zarfı)	(türk.) Konverb, Gerundium, dient zur Bildung von Nebensätzen, z.B.: *-(y)erek:* Gül*erek* odaya girdi (Er betrat *lachend* das Zimmer/*Indem er lachte,* betrat er das Zimmer); oder *iken:* oku*rken* (während er liest/las).
Verbalnomen (eylemsi)	als Hauptwort gebrauchtes Verb: *das Kommen, das Arbeiten*
Verneinung (olumsuzluk)	(türk.) *-me-;* git*me*di (Er ist *nicht* gekommen); hasta *değil* (Er *ist nicht* krank); su *yok* (Es *gibt kein* Wasser).
Vokal (ünlü)	Selbstlaut: *a, e, i, o, u*
Vokalharmonie (ünlü uyumlu)	(türk.) Angleichung der Vokale in den Endungen an den letzten Vokal des Wortstammes: *ev*-l*e*r, g*ü*l-d*ü*m.
Wurzel (kök)	Stamm eines türkischen Wortes (meist einsilbig): *gel*-mek (kommen), *bak*-mak (schauen), *dön*-mek (drehen).

FORMENLEHRE

DAS GESCHLECHT

Das Türkische kennt *kein Geschlecht* und keinen bestimmten Artikel.
Alle Formen der 3. Personen (Pronomen, Verbalflexionsformen, Possessivsuffixe usw.) beziehen sich in gleicher Weise auf die drei Geschlechter.

DER UNBESTIMMTE ARTIKEL

Das Türkische kennt *keinen bestimmten Artikel*. Das Nomen ist als
bestimmt zu denken. Als unbestimmter Artikel dient das Zahlwort *bir*
(eins), das dem Nomen in stets unveränderter Form vorangestellt
wird, z.B.

oda	das Zimmer
bir oda	ein Zimmer
odalar	die Zimmer

Beachte: Der Singular kann auch für den unbestimmten Plural gebraucht werden, der dann Kollektivbedeutung hat: *elma* (Äpfel), *orman*
(Wälder).

DER PLURAL

Der Plural wird durch Anhängung der betonten Endung *-ler/-lar* nach
der kleinen Vokalharmonie gebildet:

evler	die Häuser
odalar	die Zimmer

Das Pluralsuffix individualisiert, d.h., es wird gebraucht, wenn an eine
Mehrzahl von Einzelpersonen oder -dingen gedacht wird. Handelt es
sich um eine Gattungszugehörigkeit oder Generalisierung, wird dagegen der Singular gebraucht.

Merke: Wenn zwei Substantive ohne Verbindung nebeneinander stehen, nehmen beide die Pluralendung an: *bayanlar, baylar* (Damen und Herren). Sind sie aber durch Konjunktionen wie *ve* (und), *veya* (oder) verbunden, erhält meist nur das letzte Wort die Pluralendung: *erkek ve kadınlar* (Männer und Frauen), *ev ve bahçeler* (Häuser und Gärten). Dasselbe gilt für Possessiv- und Deklinationssuffixe (siehe Seite 29 f.).

Beachte: Das Türkische bildet auch Plurale, die im Deutschen nicht gebildet werden und daher anders zu übersetzen sind: *toz* (Staub) – *tozlar* (Staubmassen), *yağmur* (Regen) – *yağmurlar* (Regenmassen).

DAS SUBSTANTIV

Die endungslose Form des Nomens hat in seiner Grundform die Funktion eines Kasus indefinitus, eines Nominativs wie auch eines Singulars und eines Plurals. Als solche ist sie im Lexikon zu finden. Häufig enthält die endungslose Form eine kollektive Bedeutung:

ev   Haus, das Haus oder auch Häuser

Deklination des Substantivs

Das Türkische besitzt sechs Kasus; neben den vier im Deutschen bekannten Fällen (Nominativ, Genitiv, Dativ, Akkusativ) bezeichnen wir den fünften oder Ortsfall als *Lokativ* und den sechsten oder Woherfall als *Ablativ*.

Die Deklination wird (außer beim Nominativ) durch Anhängung von Suffixen gebildet, die der Vokalharmonie (vgl. Einleitung) unterworfen sind. Dabei muß unterschieden werden, ob das Wort konsonantisch oder vokalisch auslautet:

Übersicht der Suffixe

Das Suffix lautet im:	nach Konsonant	nach Vokal	nach Vokal der Possessivendung
Nominativ	–	–	–
Genitiv	*-in* (-ün, -ın, -un)	*-nin* (-nün, -nın, -nun)	–
Dativ	*-e* (-a)	*-ye* (-ya)	*-ne* (-na)
Akkusativ	*-i* (-ü, -ı, -u)	*-yi* (-yü, -yı, -yu)	*-ni* (-nü, -nı, -nu)
Lokativ	*-de* (-da) nach stimmlosen Konsonanten: *-te* (-ta)		*-nde* (-nda)
Ablativ	*-den* (-dan) *-ten* (-tan)		*-nden* (-ndan)

Singular

Der letzte Vokal lautet	*e* oder *i*	*ö* oder *ü*	*a* oder *ı*	*o* oder *u*
bei konsonantischem Auslaut im:				
Nominativ (wer? was?)	ev	göz	kız	yol
Genitiv (wessen?)	ev*in*	göz*ün*	kız*ın*	yol*un*
Dativ (wem? wohin?)	ev*e*	göz*e*	kız*a*	yol*a*
Akkusativ (wen? was?)	ev*i*	göz*ü*	kız*ı*	yol*u*
Lokativ (wo?)	ev*de*	göz*de*	kız*da*	yol*da*
Ablativ (woher?)	ev*den*	göz*den*	kız*dan*	yol*dan*
	Haus	Auge	Mädchen	Weg

bei vokalischem	anne	köprü	baba	konu
Auslaut	anne*nin*	köprü*nün*	baba*nın*	konu*nun*
	anne*ye*	köprü*ye*	baba*ya*	konu*ya*
	anne*yi*	köprü*yü*	baba*yı*	konu*yu*
	anne*de*	köprü*de*	baba*da*	konu*da*
	anne*den*	köprü*den*	baba*dan*	konu*dan*
	Mutter	Brücke	Vater	Thema

bei vokalischem	evi	gözü	kızı	yolu
Auslaut nach	evi*nin*	gözü*nün*	kızı*nın*	yolu*nun*
Possessivendung	evi*ne*	gözü*ne*	kızı*na*	yolu*na*
	evi*ni*	gözü*nü*	kızı*nı*	yolu*nu*
	evi*nde*	gözü*nde*	kızı*nda*	yolu*nda*
	evi*nden*	gözü*nden*	kızı*ndan*	yolu*ndan*
	sein Haus	sein Auge	sein Mädchen	sein Weg

Bei vokalisch auslautenden Wörtern wird im Genitiv ein Füllkonsonant *n*, im Dativ und Akkusativ dagegen ein *y* eingefügt.

Wörter mit der Possessivendung der 3. Person Singular lauten immer auf Vokal aus und bedürfen daher des Füllkonsonanten *n*, wenn eine Fallendung folgt (siehe: Übersicht über Füllkonsonanten, Seite 39).

Plural

Der letzte Vokal lautet	*e, i, ö* oder *ü*	*a, ı, o* oder *u*
bei	evler	kızlar
konsonantischem	evler*in*	kızlar*ın*
Auslaut	evler*e*	kızlar*a*
	evler*i*	kızlar*ı*
	evler*de*	kızlar*da*
	evler*den*	kızlar*dan*
bei	evler*i*	kızlar*ı*
vokalischem	evleri*nin*	kızları*nın*
Auslaut	evleri*ne*	kızları*na*
	evleri*ni*	kızları*nı*
	evleri*nde*	kızları*nda*
	evleri*nden*	kızları*ndan*
	Häuser	Mädchen

Merke: Nach Zahlwörtern steht normalerweise kein Plural: *iki arkadaş* (zwei Freunde), *dört ev* (vier Häuser) usw. Es gibt jedoch einige Ausnahmen, welche die Bedeutung von Eigennamen haben wie z.B.: *Yedi cüceler* (Die sieben Zwerge), *Kırk Haramiler* (Die vierzig Räuber), *Beşevler* (Fünfhäuser = Ortsname; eigentlich: der mit den 5 Häusern).

Substantive mit lautlichen Besonderheiten
(siehe Einleitung „Konsonantenwandel")

ağaç	çocuk	kitap	kanat	resim	hak
ağacın	çocuğun	kitabın	kanadın	resmin	hakkın
ağaca	çocuğa	kitaba	kanada	resme	hakka
ağacı	çocuğu	kitabı	kanadı	resmi	hakkı
ağaçta	çocukta	kitapta	kanatta	resimde	hakta
ağaçtan	çocuktan	kitaptan	kanattan	resimden	haktan
Baum	Kind	Buch	Flügel	Bild	Recht

Merke: Anlautendes *c* oder *d* von Suffixen wird zu *ç* bzw. *t* nach auslautendem *ç, f, h, k, p, s, ş, t*. Auslautendes *ç, k, p, t* wird häufig zu *c, ğ, b, d* vor vokalisch anlautenden Suffixen.

Gebrauch

1. Der *Nominativ* dient auf die Frage *kim* (wer) oder *ne* (was) als bestimmtes oder (mit unbestimmtem Artikel) als unbestimmtes Subjekt:

Baba geldi.	Der Vater kam.
Bir öğrenci gelmedi.	Ein Student kam nicht.
Memurlar dönmediler.	Die Beamten kehrten nicht zurück.

2. Der *Genitiv* dient in prädikativer Stellung (ohne Ergänzung) häufig mit der Kopula (-*dir*) als Ausdruck des Besitzes (da das Türkische kein Verb kennt, das dem deutschen *gehören* entspricht):

| Kitap oğlum*undur*. | Das Buch gehört meinem Sohn. |
| Evler Ülkü'*nündür*. | Die Häuser gehören Ülkü. |

Das Fragewort lautet: *kimin* (wessen).

Der *Vollgenitiv* und der *verkürzte Genitiv* (siehe Genitivkonstruktion, Seite 41) dienen:

– zum Ausdruck des Besitzes:

babam*ın* ev*i*	das Haus meines Vaters
papaz oğl*u*	Pfaffensohn

– als subjektiver Genitiv:

babas*ının* sevgi*si*	die Liebe seines Vaters
baba sevgi*si*	Vaterliebe

– zum Ausdruck der Zugehörigkeit:

okulumuz*un* çocuk*ları*	die Kinder unserer Schule
üniversitemiz*in* profesör*leri*	die Professoren unserer Universität
üniversite profesör*ü*	Universitätsprofessor

– und zum Ausdruck des Ursprungs:

Peygamber*in* söz*leri*	die Worte des Propheten
atalar söz*ü*	Sprichwort („Väterwort")

3. Der *Dativ* dient auf die Frage *kime* (wem) oder *nereye* (wohin):

– zur Bezeichnung der Richtung im allgemeinsten Sinn:

ev*e*	nach Hause, zum/ans/ins Haus

Soll die Richtung genauer angegeben werden, geschieht dies mit Postpositionen (siehe Seite 183 ff.).

– zur Bezeichnung des Gegenwertes:

Kitabı on bin lira*ya* aldım.	Ich habe das Buch zu zehntausend Lira gekauft.

– zur Wiedergabe von Zeitangaben nur bei:

hafta*ya* / sene*ye*	nächste Woche / nächstes Jahr

– zur Bezeichnung der Richtung bei Verben der Bewegung:

oda*ya* girmek	ins Zimmer treten
Ankara'*ya* varmak	in Ankara ankommen

– zur Bezeichnung des ferneren Objektes in Verbindung mit Verben, die außerdem ein Akkusativobjekt bei sich haben:

Babama bir kitap verdim.	Ich gab meinem Vater ein Buch.
Ali gazeteyi Aydolu'ya veriyor.	Ali gibt Aydolu die Zeitung.

4. Der *Akkusativ* dient auf die Frage *kimi* (wen) oder *neyi* (was):

– als bestimmtes Objekt:

Kahveyi nasıl içiyorsun?	Wie trinkst du den Kaffee?
Kimi dinliyorsunuz?	Wem hört ihr zu?
Anneyi dinliyoruz.	Wir hören der Mutter zu.

– als unbestimmtes Objekt (in der Grundform mit und ohne unbestimmten Artikel):

Ne gördünüz?	Was haben Sie gesehen?
Adam vurdular.	Man hat einen Mann erschlagen.
Güzel bir ev gördüm.	Ich habe ein schönes Haus gesehen.
Bir kız gördüm.	Ich sah ein Mädchen.

– Akkusative an Personalpronomen und Demonstrativpronomen *bu, şu, o* erfordern die Akkusativendung, weil sie nicht unbestimmt sein können:

Onu seviyorum.	Ich liebe ihn/sie.
Bu adamı tanıyorum.	Diesen Mann kenne ich.
Bir defter almak istiyorum ama, *bu* defteri almıyorum.	Ich will ein Heft kaufen, aber dieses Heft nehme ich nicht.

– ebenso Akkusativobjekte mit Possessivendungen:

Arkadaşımı bekliyorum.	Ich erwarte/warte (auf) meinen Freund.

– Das Fragepronomen *kim* muß ebenfalls die Akkusativendung annehmen:

Kimi görüyorsun?	Wen siehst du?

– Eigennamen (Namen von Personen, Städten, Ländern, Institutionen usw.) sind immer bestimmt und bedürfen daher stets der Akkusativendung:

Türkiye'*yi* seviyor musunuz?	Lieben Sie die Türkei?
Türk edebiyatı*nı* okudum.	Ich habe türkische Literatur-geschichte studiert.

5. Der *Lokativ* dient:

− zur Bezeichnung von Ortsverhältnissen im weitesten Sinne, soweit es sich nicht um Richtungsbewegungen, sondern um ein Verharren am Ort handelt, auf die Frage *nerede* (wo), *kimde* (bei wem):

ev*de*	im/am/beim Haus
evler*de*	in den Häusern
anne*de*	bei der Mutter
Münih'*te*	in München

Soll ein Verhältnis präzisiert werden, geschieht dies wieder wie beim Dativ mit unechten Postpositionen (siehe Seite 187 f.).

− als Zeitangabe:

Saat kaç*ta*?	Um wieviel Uhr?
Saat yarım*da*.	Um halb ein Uhr.
Saat bir buçuk*ta*.	Um halb zwei Uhr.
o zaman*da*	zu jener Zeit

Das Lokativsuffix entfällt bei verschiedenen Zeitangaben, besonders wenn es sich um mit Demonstrativpronomen, Fragepronomen und (bei *vakit* und *zaman*) Verbalnomen verbundene Substantive handelt:

bugün	heute
bu sabah	heute morgen
o zaman (o vakit)	damals
bu yıl	heuer, dieses Jahr
ne zaman?	wann

6. Der *Ablativ* dient:

− zur Bezeichnung der Richtung vom Objekt fort im weitesten Sinne auf die Frage *nereden* (woher), *kimden* (von wem):

ev*den*	aus dem Haus, vom Hause
anne*den*	von der Mutter

– zur Bezeichnung der Bewegungsrichtung durch das Objekt hindurch, daran vorbei oder darüber hinweg:

bahçe*den*	durch den Garten
gümrük*ten*	durch den Zoll
kapım*dan*	an meiner Türe vorbei
duvar*dan*	über die Mauer

– im übertragenen Sinne:

als Begründung (bereits geschehener Dinge):

babasının ölümün*den*	wegen des Todes seines Vaters

als Zugehörigkeitsbezeichnung:

prädikativ

Babası üniversitemizin profesörlerin*den*dir.	Sein Vater gehört zu den Professoren unserer Universität.

attributiv

İstanbul Üniversitesi profesörlerin*den* Tevfik Bey.	Herr Tevfik, Professor der Universität Istanbul.

als Stoffbezeichnung:

prädikativ

Bu yüzük altın*dan*dır.	Dieser Ring ist aus Gold.

attributiv

cam*dan* bir şişe	eine Flasche aus Glas

– vor einer Reihe von Postpositionen (siehe Seite 183 ff.);

– in Verbindung mit Verben der Bewegung zur Bezeichnung einer Richtung von einem bestimmten Punkt aus weg:

ev*den* çıkmak	das Haus verlassen
gümrük*ten* geçmek	die Zollkontrolle passieren

Die meisten Verben der Bewegung können zwei Rektionen haben, wobei beide Rektionen gleichzeitig auftreten können:

İstanbul'*dan* Ankara'ya gitmek	von Istanbul nach Ankara fahren

Die Rektion von *sormak* (fragen) und Verben des Bittens *rica etmek* (bitten) sowie *memnun* (zufrieden sein) erfordern den Ablativ:

Ali öğretmenin*den* kitabını sordu.   Ali fragte seinen Lehrer nach seinem Buch. (wörtlich: Ali erfragte von seinem Lehrer sein Buch.)

Gülay yeni ev*den* memnun.   Gülay ist mit dem neuen Haus zufrieden.

Beim Komparativ (siehe Seite 43).

Possessivsuffixe (Besitzanzeigende Endungen)

An Stelle der Possessivpronomen besitzt das Türkische Suffixe, die dem Wort angehängt werden und stets betont sind. Die Endungen unterliegen der großen Vokalharmonie (*i/ı/u/ü*) und unterscheiden sich nach Auslaut auf Konsonant:

ev	köy	yol	kız
ev*im**	köy*üm**	yol*um**	kız*ım**
ev*in*	köy*ün*	yol*un*	kız*ım*
ev*i*	köy*ü*	yol*u*	kız*ı*
ev*imiz*	köy*ümüz*	yol*umuz*	kız*ımız*
ev*iniz*	köy*ünüz*	yol*unuz*	kız*ınız*
ev*leri*	köy*leri*	yol*ları*	kız*ları*
*mein Haus	*mein Dorf	*mein Weg	*meine Tochter

und nach Auslaut auf Vokal:

anne	ütü	baba	konu
anne*m**	ütü*m**	baba*m**	konu*m**
anne*n*	ütü*n*	baba*n*	konu*n*
anne*si*	ütü*sü*	baba*sı*	konu*su*
anne*miz*	ütü*müz*	baba*mız*	konu*muz*
anne*niz*	ütü*nüz*	baba*nız*	konu*nuz*
anne*leri*	ütü*leri*	baba*ları*	konu*ları*
*meine Mutter	*mein Bügeleisen	*mein Vater	*mein Thema

Hier entfällt der Vokal des Suffixes zugunsten des Vokals am Wort, bei der 3. Person Singular wird jedoch *s* eingefügt.

Die Possessivendungen nach dem Plural lauten folgendermaßen:

teyzeler	amcalar	
teyzeler*im*	amcalar*ım*	meine …
teyzeler*in*	amcalar*ın*	deine …
teyzeler*i*	amcalar*ı*	seine/ihre …
teyzeler*imiz*	amcalar*ımız*	unsere …
teyzeler*iniz*	amcalar*ınız*	eure/Ihre …
teyze*leri*	amca*ları*	ihre …
Tanten (mütterlicherseits)	Onkel (väterlicherseits)	

Merke: Die Pluralendungen in Verbindung mit Possessivendungen für die 3. Person Singular sind identisch mit denen der 3. Person Plural. Hier muß der Satzzusammenhang entscheiden.

Bei mehrsilbigen Wörtern, die auf *ç, k, p, t* enden, tritt der Konsonantenwechsel zu *c, ğ, b, d* ein, sobald eine vokalische Anhängung erfolgt:

çocuk	çocu*ğ*umuz	das Kind/unser Kind
kitap	kita*b*ımız	das Buch/unser Buch

Zur besonderen Hervorhebung kann dem Substantiv das Possessivpronomen vorangestellt werden:

benim	meine/r/s	bizim	unser/e
senin	deine/r/s	sizin	euer/e / Ihr/e
onun	seine/r/s	onların	ihr/e
	ihre/r/s		

benim ev*im*	mein Haus
senin oğl*un*	dein Sohn
Benim ev*im* büyüktür.	Mein Haus ist groß.
Senin oğl*un* küçüktür.	Dein Sohn ist klein.

Merke: In der Umgangssprache kann das Possessivsuffix beim Substantiv wegfallen (*bizim ev* statt *bizim evimiz* oder *sizin araba* statt *sizin arabanız*), wodurch ein loseres Zusammengehörigkeitsverhältnis wiedergegeben wird: *bizim Ali* (Freund, aber nicht verwandt) oder *sizin hanım*.

Einige zweisilbige Wörter stoßen den Vokal *ı, i, u, ü* der letzten Silbe aus, wenn die Possessivendung mit einem Vokal beginnt:

ağız	ağz*ım*	der Mund/mein Mund
akıl	akl*ın*	der Verstand/dein Verstand
alın	aln*ı*	die Stirn/seine/ihre Stirn
burun	burn*umuz*	die Nase/unsere Nase
fikir	fikr*iniz*	der Gedanke/Ihr/Euer Gedanke
kısım	kıs*mı*	der Teil/sein/ihr Teil
oğul	oğl*umuz*	der Sohn/unser Sohn
şehir	şehr*iniz*	die Stadt/Eure Stadt
vakit	vakt*im*	die Zeit/meine Zeit
gönül	gönl*üm*	das Gemüt/mein Gemüt

Januskonstruktion (wechselseitige besitzanzeigende Endung)

Soll eine Beziehung zwischen zwei Personen enger oder inniger ausgedrückt werden, wird diese im Deutschen mit einem Possessivpronomen wiedergegeben (z.B. bei einem Verwandtschaftsverhältnis), im Türkischen dagegen können beide Personenbegriffe die besitzanzeigende Endung annehmen:

Baba*sı* kız*ın*a hediye aldı.	Der (*ihr*) Vater kaufte *seiner* Tochter ein Geschenk.
Kız*ı* anne*si*ne çiçek getirdi.	Die (*ihre*) Tochter brachte *ihrer* Mutter Blumen.

Deklinationssuffixe treten an das Wort nach den Possessivsuffixen:

ev-*im*-de	in meinem Haus
ev-ler-*in*-de	in deinen Häusern
anne-*m*-de	bei meiner Mutter
anne-*m*-ler-de	bei meinen Eltern
teyze-ler-*imiz*-e	zu unseren Tanten

Stellung der Suffixe beim Substantiv

Ein Substantiv kann mehrere Suffixe annehmen, ihre Reihenfolge
unterliegt einer festen Regel:

Substantiv	Plural	Possessive	Kasus	Personal-endung
teyze	*-ler*	*-im*	*-de*	*-(y)im*

Ich bin bei meinen Tanten.

Bei Personenbegriffen wie „Tante, Schwester, Mutter" kann die Reihenfolge Plural-Possessiv-Endung vertauscht werden. In diesem Fall
werden die Angehörigen der betreffenden Person eingeschlossen:

teyze	-m	-ler	meine Tante und ihre Familie/ die ihren
anne	-m	-ler	meine Mutter und die ihren (d.i. die Familie mütterlicher- seits), aber auch: meine Eltern

analog dazu:

baba	-m	-lar	da es kein eigenes Wort für Eltern gibt

Übersicht über die Füllkonsonanten beim deklinierten Substantiv

Das Türkische kennt drei *Füllkonsonanten* mit unterschiedlichen Funktionen: *s, n, y*

− *s* (*-si, -sı, -sü, -su*) folgt ausschließlich auf ein vokalisch auslautendes
Grundwort, dem ein Possessivsuffix der 3. Person Singular angehängt
wird:

anne	Mutter	anne*si*	seine/ihre Mutter
baba	Vater	baba*sı*	sein/ihr Vater
ütü	Bügeleisen	ütü*sü*	sein/ihr Bügeleisen
kutu	Schachtel	kutu*su*	seine/ihre Schachtel

Merke: Einzige Ausnahme ist *su* (das Wasser). Es erhält den Bindekon-
sonanten *y* vor dem Possessivsuffix:

suyu	sein/ihr Wasser	suları	seine/ihre Gewässer
meyve suyu	Fruchtsaft		

– *n* erfüllt zwei Funktionen:

Es steht vor der Genitivendung, wenn das Substantiv vokalisch auslautet:

anne	die Mutter	anne*nin*	der Mutter
amca	der Onkel	amca*nın*	des Onkels
köprü	die Brücke	köprü*nün*	der Brücke
kutu	die Schachtel	kutu*nun*	der Schachtel

Merke: Auch hier ist *su* (das Wasser) die einzige Ausnahme: *suyun* (des Wassers).

Es steht nach den Possessivendungen der 3. Person Singular, wenn eine Kasusendung im Dativ, Akkusativ, Lokativ oder Ablativ folgt:

im Dativ	-ne/-na	evi*ne*	zu seinem Haus
im Akkusativ	-ni/-nı	evi*ni*	sein Haus
	-nü/-nu	babası*nı*	seinen Vater
im Lokativ	-nde/-nda	evi*nde*	in seinem Haus
		arkası*nda*	hinter seinem Rücken
im Ablativ	-nden/-ndan	evi*nden*	aus seinem Haus
		babası*ndan*	von seinem Vater

Sinan ailesi*ni* seviyor.	Sinan liebt seine Familie.
Gül mantosu*na* bakıyor.	Gül sieht ihren Mantel an.
Salih arkadaşı*nın* arabası*ndan* iniyor.	Salih steigt aus dem Auto seines Freundes.

– *y* steht zwischen vokalisch auslautendem Substantiv und der Kasusendung des:

Dativ	-ye/-ya	anne*ye*	der Mutter
		baba*ya*	dem Vater
Akkusativ	-yi/-yı	anne*yi*	die Mutter
	-yü/-yu	köprü*yü*	die Brücke

y fungiert außerdem als Bindekonsonant beim Verb (siehe Seite 82 ff.).

– Ein weiterer Füllkonsonant *ş* wird nur bei Zahlen, die auf Vokal auslauten, in Verbindung mit dem Suffix *-(ş)er/-(ş)ar* für *je* gebraucht:

bir	eins	bir*er*	je eins
iki	zwei	iki*şer*	je zwei
altı	sechs	altı*şar*	je sechs

İki*şer* rakı içtik.   Wir haben je zwei Rakı getrunken.

Die Genitivkonstruktion (= lose und feste Substantivverbindung)

Der Genitiv eines Substantives kann nur (von der Wiedergabe für „gehören" abgesehen) in Verbindung mit einem anderen Substantiv
(regens und rectum) gebraucht werden. Der Genitiv steht immer *vor*
dem regierenden Substantiv, das mit der Possessivendung der 3. Person Singular oder Plural (*i* oder *si*) verbunden sein muß:

baba*nın* ev*i*	das Haus des Vaters
baba*nın* ev*leri*	die Häuser des Vaters
babalar*ın* ev*i*	das Haus der Väter
babalar*ın* ev*leri*	die Häuser der Väter

Diese Konstruktion (Vollgenitiv) kann auch als „lose Substantivverbindung" bezeichnet werden, denn beide Substantive können durch
Adjektive näher bestimmt werden:

ünlü babalar*ın* güzel ev*leri*	die schönen Häuser der berühm- ten Väter
büyük evimiz*in* güzel kapı*sı*	die schöne Türe unseres großen Hauses

Merke: Man sollte aus ästhetischen Gründen eine Anhäufung von Voll-
genitiven vermeiden und besser zu Umschreibungen greifen, z.B.
Ablamın küçük oğlunun tahsili henüz bitmedi (Das Studium des jüngeren
Sohnes meiner älteren Schwester ist noch nicht abgeschlossen).

Die *feste Substantivverbindung* (verkürzter Genitiv), bei der das erste
Substantiv stets unverändert bleibt, das zweite die Possessivendungen
der 3. Person Singular annimmt, bezeichnet meist einen Gattungs-
begriff, der im Deutschen oft einem zusammengesetzten Hauptwort
(Nominalkompositum) entspricht:

	ev kapısı	Haustüre
aber:	evin kapısı	die Türe des Hauses
	çocuk parası	Kindergeld
aber:	çocuğun parası	das Geld des Kindes

Der verkürzte Genitiv tritt auch bei Nationalitäts- und Sprachenbezeichnungen, Länder-, Orts- und Flußnamen ein:

Türkiye mektubu	Brief aus der Türkei
Türkçe kitabı	das Türkischbuch
Ankara kenti	die Stadt Ankara
Avusturya Devleti	der Staat Österreich
Tuna Nehri	der Donaustrom
Van gölü	der Van-See

Adjektive können hier nur zu dem ganzen Ausdruck hinzutreten, da beide Substantive eine Einheit bilden:

| güzel Paris kenti | die schöne Stadt Paris |
| büyük Van Gölü | der große Van-See |

Beachte: Wenn an die feste Substantivverbindung eine andere Possessivendung tritt, fällt das Suffix der 3. Person weg: *para çantası* (Geldbörse), aber *para çantam* (meine Geldbörse); *Türkçe dersi* (Türkischunterricht), aber *Türkçe dersi* (sein Türkischunterricht; hier ist der Satzzusammenhang entscheidend, da beide Formen identisch sind); *çalışma müsaadesi* (Arbeitserlaubnis), aber: *çalışma müsaadeniz* (Ihre/Eure Arbeitserlaubnis).

Nationalitätsbezeichnungen werden im Türkischen als Substantive, in Verbindung mit Personenangaben auch als Adjektive behandelt:

Alman okulu	die deutsche Schule
Türk dili	die türkische Sprache
Alman kızı/Alman kız	deutsches Mädchen
Türk öğrencisi/Türk öğrenci	türkischer Student

Merke: Bei Straßen-, Orts- und Eigennamen kommen auch lose Nebeneinanderstellungen vor, die ursprünglich eine Genitivverbindung waren: *Ayaz Paşa Sokak statt Ayaz Paşa Sokağı.*

DAS ADJEKTIV (in attributiver, prädikativer und adverbialer Stellung)

Das Adjektiv bleibt sowohl in *attributiver* wie auch in *prädikativer* und *adverbialer* Stellung stets unveränderlich. Es kann auch substantivisch verwendet werden und entspricht dann einem Nomen. Begriffe für Nationalitäten wie *Türk*, *Alman* werden meistens als Substantiv, in Verbindung mit Personenbezeichnungen aber auch als Adjektiv gebraucht.

Bu *güzel* kızı tanımıyorum.	Dieses hübsche Mädchen kenne ich nicht.
Bu kız çok *güzel*.	Dieses Mädchen ist sehr hübsch.
Bu kız çok *güzel* yazar.	Dieses Mädchen schreibt sehr schön.

Steigerungsformen

Die Steigerung des Adjektivs erfolgt im Türkischen durch die Partikeln *daha* und *en*:

Ahmet *hızlı* koşar.	Ahmet läuft schnell.
Can *daha hızlı* koşar.	Can läuft schneller.
En hızlı Murat koşar.	Am schnellsten läuft Murat.

Um den *Komparativ* auszudrücken, wird das Verglichene in den Ablativ gesetzt und das betreffende Adjektiv mit oder ohne Vorsatz *daha* (mehr, noch = verstärkt) nachgestellt:

ev*den* (daha) büyük	(noch) größer als das Haus
Babam annem*den daha* yaşlı.	Mein Vater ist (noch) älter als meine Mutter.
Kardeşim ben*den daha* çalışkan değil.	Mein Bruder ist nicht fleißiger als ich.

Der *Superlativ* wird mit *en* gebildet und kann ebenso wie der Komparativ als Adjektiv oder Adverb fungieren:

Türkiye'nin *en yüksek* dağı Ağrı'dır.	Der höchste Berg der Türkei ist der Ararat.
En büyük şehir hangisi?	Welches ist die größte Stadt?
En güzel Ayşe yazar.	Am schönsten schreibt Ayşe.

Der *Elativ* oder *absolute Superlativ* wird durch Vorsetzung entsprechender Adverbien gebildet. Die häufigsten sind:

en, çok	viel, sehr	pek	sehr
en fazla	meistens, höchstens	gayet	überaus
en aşağı	mindestens	fevkalade	außerordentlich
en erken	frühestens	son derece	im höchsten Grade
en geç	spätestens	u.a.m.	

Merke: çok güzel (sehr schön), *pek kısa* (sehr kurz), *gayet akıllı* (überaus klug) usw. Die *negative Komparation* drückt man durch *daha az* (weniger) vor dem Adjektiv aus:

Selma Gönül'den *daha az* güzel.	Selma ist weniger schön als Gönül.

Steigerung wie auch gelegentliche *Begriffsminderung* bewirkt das zweiförmige Suffix *-ca, -ce* (nach *f, p, ş, ç, k, h, s, t* lautet es *-ça, -çe*):

iyice	ganz gut (von iyi *gut*)
kısaca	ziemlich kurz (von kısa *kurz*)
güzelce	recht schön (von güzel *schön*)
büyükçe	ziemlich groß usw.

Merke: Häufig wird *oldukça* (ziemlich) vorangestellt: *oldukça küçük* (ziemlich klein).

Steigerung durch Teilreduplikation: Die Erstsilbe wird mit einem anderen Endkonsonanten (*m, p, r, s*) vorangestellt. Eine willkürliche Bildung ist nicht möglich:

bo*m*boş	ganz leer	kü*p*küçük	klitzeklein
be*m*beyaz	schneeweiß	ku*p*kuru	strohtrocken
bü*s*bütün	gänzlich	ma*s*mavi	tiefblau
ça*r*çabuk	blitzschnell	si*m*siyah	rabenschwarz
do*p*dolu	ganz voll	te*r*temiz	blitzsauber
dü*m*düz	ganz flach	ye*p*yeni	brandneu
kı*p*kırmızı	ganz rot, feuerrot	ye*m*yeşil	grasgrün
ko*s*koca	riesengroß	ya*p*ayalnız	mutterseelenallein

Eine weitere Steigerungsmöglichkeit besteht in der *Verdoppelung* des Adjektivs, wobei es dann meist adverbiale Bedeutung hat:

yavaş yavaş	ganz langsam
çabuk çabuk	ganz schnell
gizli gizli	ganz heimlich
uslu uslu	ganz brav

Bei adjektivischem Gebrauch steht das Substantiv zur Bezeichnung der Menge im Plural und wird mit „lauter" übersetzt:

yeşil yeşil ağaçlar	lauter grüne Bäume
kara kara bulutlar	lauter schwarze Wolken
güzel güzel kızlar	lauter hübsche Mädchen

Das Adverb

Adverbialer Gebrauch von Adjektiven

Wie im Deutschen kann das Adjektiv unverändert als Adverb verwendet werden:

Güzel yazar.	Er schreibt schön.
İyi okur.	Sie liest gut.
Çabuk gelecek.	Er wird schnell kommen.

Das gilt auch für Erweiterungen und Vergleichsformen (komparativisch):

Güzel güzel Türkçe konuşur.	Sie spricht ganz schön türkisch.
Yavaş yavaş gidin!	Fahren Sie ganz langsam!
Ayşe'den daha güzel yazar.	Er schreibt schöner als Ayşe.

Einzeladverbien

Daneben gibt es eine Reihe *ursprünglicher* Adverbien, die grundsätzlich unveränderlich sind und nicht Attribut eines Substantivs sein können:

ancak	nur
artık	nun mehr, (bei verneintem Verb) nicht mehr
belki	vielleicht

bile	sogar (dem betonten Wort nachgestellt)
büsbütün	ganz und gar
daha	noch
dahi	auch (dem betonten Wort nachgestellt)
de, da	auch, und (seinem Bezugswort – gemäß der kleinen Vokalharmonie – nachgestellt)
yalnız	allein
yine	wieder

Adverbien mit arabischem Akkusativ

Außerdem gibt es eine Reihe aus der arabischen Sprache übernommener Adverbien mit arabischem Akkusativ auf *a, en* oder *an*:

adeta	fast	aslen	ursprünglich
asla	überhaupt nicht, niemals	bazen	manchmal
bedava	gratis	hakikaten	tatsächlich
daima	immer	naklen	in Übertragung
ekseriya	meistens	nazaran	im Vergleich zu
evvela	zuerst	mutlaka	bestimmt, absolut
mesela	zum Beispiel		

Die Pronomen

Personalpronomen

Die türkischen Personalpronomen werden nur zur Hervorhebung und bei eventuellen Unklarheiten verwendet, da die Personen im Prädikat bereits zum Ausdruck kommen. Sie lauten:

ben	ich	biz	wir
sen	du	siz	ihr, Sie
o	er, sie	onlar	sie

Die Personalpronomen werden wie Substantive dekliniert:

Singular

ben	ich	sen	du	o	er, sie, es
ben*im*	mein	sen*in*	dein	o*nun*	sein/ihr
ban*a*	mir	san*a*	dir	o*na*	ihm/ihr
ben*i*	mich	sen*i*	dich	o*nu*	ihn/sie/es
ben*de*	bei mir	sen*de*	bei dir	o*nda*	bei ihm/ihr
ben*den*	von mir	sen*den*	von dir	o*ndan*	von ihm/ihr

Plural

biz	wir	siz	ihr/Sie	onlar	sie
biz*im*	unser	siz*in*	euer/Ihr	onlar*ın*	ihr
biz*e*	uns	siz*e*	euch/ Ihnen	onlar*a*	ihnen
biz*i*	uns	siz*i*	euch/Sie	onlar*ı*	sie
biz*de*	bei uns	siz*de*	bei euch/ bei Ihnen	onlar*da*	bei ihnen
biz*den*	von uns	siz*den*	von euch/ von Ihnen	onlar*dan*	von ihnen

Merke: biz und *siz* können die Pluralendung annehmen (*bizler, sizler*) im Sinne von „Leute wie wir, unsereiner" usw.

Possessivpronomen

Die Personalpronomen im Genitiv haben die Funktion von Possessiv-pronomen und können die Endung *-ki* annehmen, die nicht der Vokal-harmonie unterliegt; sie entsprechen Substantiven:

benimki	seninki	onunki
bizimki	sizinki	onlarınki

Die Deklination erfolgt ebenfalls analog zu den Substantiven:

benimki	der meinige	seninki	der deinige
benimki*nin*	des meinigen	seninki*nin*	des deinigen
benimki*ne*	dem meinigen	seninki*ne*	dem deinigen
benimki*ni*	den meinigen	seninki*ni*	den deinigen
benimki*nde*	bei meinigem	seninki*nde*	bei deinigem
benimki*nden*	von meinigem	seninki*nden*	von deinigem usw.

Nach dem *Lokativ* bilden sie Substantive und Adjektive:

ben*deki*	der bei mir Befindliche/bei mir befindlich
sen*deki*	bei dir befindlich
on*daki*	bei ihm/ihr befindlich
biz*deki*	der bei uns Befindliche/bei uns befindlich
siz*deki*	bei euch/Ihnen befindlich
onlar*daki*	bei ihnen befindlich

Gebrauch

1. Die Formen *benimki, seninki* usw. (das Meinige, das Deinige usw.) werden *ohne* Bezugswort gebraucht. Um das Besitzverhältnis zu unterstreichen wird diesen Formen oft die Possessivendung angehängt: *benimkisi, seninkisi, onunkisi, bizimkisi, sizinkisi, onlarınkisi;* vor allem, wenn im vorhergehenden Satz bereits die Rede davon war:

Kitapların bir tanesi benim değil.	Eines der Bücher gehört mir nicht.
Benim*kisi* nerede acaba?	Wo ist wohl meines (das Meinige)?

Alle diese Formen können auch dekliniert werden; in den Kasus 2–6 wird immer der Füllkonsonant *n* eingeschoben:

Benim kalemim yazmıyor.	Mein Stift schreibt nicht.
Seninki*ni* (seninkisi*ni*) verir misin?	Würdest du (mir) deinen geben?

Ebenso können die substantivierten besitzanzeigenden Pronomen im Plural gebraucht werden, dann aber ohne Possessivendung und Füllkonsonant:

Bizimkilere yazmıştım.	Ich hatte den Unsrigen geschrieben.
Sizinkilerin ellerinden öperiz.	Wir küssen die Hände der Euren.

2. Im *Lokativ* bildet *-ki* Substantive und Adjektive:

Bizdeki güller kırmızıdır.	Die unsrigen (bei uns befindlichen) Rosen sind rot.
Sizdekiler sarıdır.	Die Eurigen (bei euch Befindlichen) sind gelb.
aber:	
Bizimkiler kırmızıdır.	Die Unsrigen sind rot.
Sizinkiler sarıdır.	Die Eurigen sind gelb.

Das Suffix *-ce/-ca* (unbetont) am Personalpronomen gibt die Bedeutung „nach meiner Meinung/meiner Meinung nach" wieder: *bence, sence, onca, bizce, sizce, onlarca.*

Demonstrativpronomen bu, şu, o

Das Türkische besitzt drei Demonstrativpronomen, die sowohl adjektivisch wie substantivisch verwendet werden können. Bei adjektivischer Verwendung bleiben sie stets unverändert vor dem Substantiv, bei substantivischer unterliegen sie den entsprechenden Regeln, d.h. sie flektieren:

bu	dieser	(hier, in der Nähe)
şu	dieser	(dort, weiter weg)
o	jener	(in der Ferne)
		(identisch mit dem Personalpronomen der 3. Person Singular!)

Singular	bu	şu	o
	bu*nun*	şu*nun*	o*nun*
	bu*na*	şu*na*	o*na*
	bu*nu*	şu*nu*	o*nu*
	bu*nda*	şu*nda*	o*nda*
	bu*ndan*	şu*ndan*	o*ndan*

Plural	bunlar	şunlar	onlar
	bunlar*ın*	şunlar*ın*	onlar*ın*
	bunlar*a*	şunlar*a*	onlar*a*
	bunlar*ı*	şunlar*ı*	onlar*ı*
	bunlar*da*	şunlar*da*	onlar*da*
	bunlar*dan*	şunlar*dan*	onlar*dan*

> Gebrauch

1. *Bu* (dieser, diese, dieses), *şu* (dieser da usw.) und *o* (jener, jene, jenes) verhalten sich wie *ben, sen* und *o* zueinander, d.h., *bu* ist das beim Sprecher Befindliche, *şu* das beim Angesprochenen und *o* das bei einem Dritten Befindliche. *O* ist aber auch das Personalpronomen „er, sie, es", wird aber als solches nur zur Hervorhebung gebraucht.

Biz bu evde oturuyoruz.	Wir wohnen in diesem Haus.
Siz o evde mi oturuyorsunuz?	Wohnen Sie in jenem Haus?

2. Bei adjektivischer Verwendung treten sie vor das dazugehörige Nomen und bleiben stets unverändert:

bu ev	dieses Haus
şu kadınlar	diese Frauen da
o şehirde	in jener Stadt

3. Bei substantivischer Verwendung können sich die Demonstrativa auf Personen, Sachen und allgemeine Vorstellungsinhalte beziehen:

bütün bunlar	all dies (z.B. Geschehenes, Gesagtes, Gedachtes),
aber auch:	
Bunlardan başka yok mu?	Gibt es außer diesen keine anderen?

4. Ebenso können die Demonstrativa bei substantivischer Verwendung (besonders im Singular), wenn sie Subjekt sind, den Platz tauschen mit den Prädikatsnomen. Dann wird das Prädikatsnomen Subjekt. Dies geschieht vor allem, wenn das Demonstrativpronomen sonst vor einen Satzteil treten müßte, zu dem es als Attribut aufgefaßt werden könnte:

Üsküdar bu mudur?	Ist das Üsküdar? (bu Üsküdar hieße: dieses Üsküdar).
Evim budur.	Dies ist mein Haus (bu evim hieße: dieses mein Haus).
Kapıdan giren şudur.	Der zur Türe hereinkam, ist dieser da.
aber:	
Şu kapıdan giren.	Derjenige, der zu dieser Türe hereinkam.

5. Bei adjektivischer Erweiterung des Nomens tritt das Demonstrativpronomen vor das Adjektiv, so daß es sich auf keinen anderen Satzteil beziehen kann:

bu güzel kadın	diese schöne Frau
o çirkin ev	dieses häßliche Haus

6. Bei losen Substantivverbindungen tritt es vor das 2. Nomen:

babamın bu ev*i*	dieses Haus meines Vater (*bu babamın evi* hieße: das Haus dieses meines Vaters)
aber:	
bu ev sahib*i*	dieser Hausbesitzer

7. Die Genitive und Lokative der Demonstrativpronomen können ebenfalls das Suffix *-ki* annehmen:

bununki	diesem hier gehörig	bundaki	bei diesem hier befindlich
bunlarınki	diesen hier gehörig	bunlardaki	bei diesen da befindlich
şundaki	bei diesem da befindlich	şununki	diesem da gehörig
şunlarınki	diesen da gehörig	şunlardaki	bei diesen da befindlichen
onunki	jenem gehörig	ondaki	bei jenem befindlich
onunlarınki	jenen gehörig	onlardaki	bei jenen befindlich

Ortspronomen

Von den genannten drei Demonstrativpronomen leiten sich drei Orts-pronomen ab, die im Nominativ *bura*, *şura*, *ora* lauten, im Singular jedoch nur mit der Possessivendung der 3. Person versehen verwendet werden:

Singular	burası	şurası	orası
	bura*nın*	şura*nın*	ora*nın*
	bura*ya*	şura*ya*	ora*ya*
	bura*yı*	şura*yı*	ora*yı*
	bura*da*	şura*da*	ora*da*
	bura*dan*	şura*dan*	ora*dan*

Plural	buraları	şuraları	oraları
	buralar*ın*	şuralar*ın*	oralar*ın*
	buralar*a*	şuralar*a*	oralar*a*
	buralar*ı*	şuralar*ı*	oralar*ı*
	buralar*da*	şuralar*da*	oralar*da*
	buralar*dan*	şuralar*dan*	oralar*dan*

Beachte: Im Singular wie im Plural kann vor der Fallendung die Possessivendung stehen: *burasını, şurasını, orasını* und *buralarını, şuralarını, oralarını.*

Der Bedeutungsunterschied entspricht dem der drei Demonstrativpronomen, also „dieser Ort hier, dieser Ort da, jener Ort". Der Plural erweitert den jeweiligen Bedeutungsinhalt: *buraları* (diese Gegend hier), *şuraları* (diese Gegend da), *oraları* (jene Gegend). Die Frage nach dem Ort wird analog zu *bura* mit *nere* gebildet (siehe unter Fragepronomen, Seite 60).

Es ist im Türkischen zu unterscheiden, ob es sich bei dem jeweiligen Ort um einen echten Lokativ handelt oder um einen Ersatz für „dieser Ort", d.h., *neresi, burası, şurası* und *orası* vertreten den Ort selbst:

Bura*sı* güzeldir.	Hier ist es schön. (Dieser Ort ist schön.)
Şura*sı* güzel değil.	Da ist es nicht schön. (Dieser Ort ist nicht schön.)
Nere*si* sıcak?	Wo ist es heiß? (Welcher Ort ist heiß?)
aber:	
Bura*da* hava sıcak.	Hier ist das Wetter warm (an diesem Ort).
Bura*da* güzel çiçek var.	Hier sind schöne Blumen (an diesem Ort).
Baban nere*de*?	Wo ist dein Vater? (an welchem Ort?)

Entsprechendes tritt bei den verschiedenen Kasus ein:

buranın ağaçları	die hiesigen Bäume (die Bäume dieses Ortes)
Türkiye'nin neresine gitmek istiyorsun?	Wo möchtest du in der Türkei hinfahren?
İstanbul'un neresinde oturuyorsunuz?	Wo in Istanbul wohnt ihr?
Buralarda bir eczane var mı?	Gibt es hier irgendwo (in der Gegend) eine Apotheke?

Nach den Genitiven und Lokativen kann wieder das adjektivbildende
-*ki* stehen:

buranınki	zu diesem Ort hier gehörig
şuranınki	zu diesem Ort da gehörig
oranınki	zu jenem Ort gehörig
buradaki	an diesem Ort befindlich
oralardaki	in jener Gegend befindlich
Buradaki cami güzeldir.	Die hiesige Moschee ist schön.

Die Ortspronomen können auch Possessivendungen annehmen. Die
Bedeutung ist dann in der Regel „hier an meinem, deinem usw. Körper" bzw. „wo an meinem, deinem usw. Körper":

Buram ağrıyor.	Hier tut es mir weh. (Die Stelle hier an meinem Körper schmerzt.)
Nereniz ağrıyor?	Wo haben Sie Schmerzen? (Wo an Ihrem Körper schmerzt es?)

Adverbiale der Art und Weise

Das Türkische kennt drei von den Demonstrativa abgeleitete Adverbiale der Art und Weise mit den entsprechenden Bedeutungsnuancen:

böyle	so, auf die eben genannte Weise
şöyle	so, auf die folgende Weise
öyle	so, auf jene Weise

Die Formen werden auch adjektivisch gebraucht. Im Singular stehen
sie mit unbestimmtem Artikel (in der Bedeutung: ein solcher, eine solche, ein solches):

böyle bir adam	ein solcher Mann

Die entsprechenden Adverbformen lauten: *böylece* oder *böylelikle*, *şöyle-
ce* oder *şöylelikle*, *öylece* oder *öylelikle* (auf diese Weise, derart, so).

Idiomatisiert ist *öyle* in der Frageform *öyle mi?* (So?) als *şöyle* (folgendermaßen, folgendes) wiederzugeben: *Şöyle yapın* (Tun Sie folgendes!).

Die Wendung *şöyle, böyle* erscheint häufig als Antwort auf die Frage
nach dem Befinden (es geht, so là là), aber auch in anderer Bedeutung
(so etwa, ungefähr):

Ahmet şöyle böyle on yıldır Almanya'da yaşıyor.	Ahmet lebt so etwa seit zehn Jahren in Deutschland.

Beachte: şöyle kann auch eine abwertende Bedeutung haben:

Öğretmen Mehmet'e şöyle bir baktı.	Der Lehrer hat Mehmet (prüfend/mit Verachtung/ohne ihn ernst zu nehmen) angeschaut.

Mit der Possessivendung der 3. Person: *böylesi, şöylesi, öylesi* (so etwas),
in der Deklination mit *n* als Füllkonsonant vor der Fallendung:

Böylesini hiç bilmiyorum.	So etwas kenne ich gar nicht.

Im Plural: *böyleleri, şöyleleri, öyleleri* (solche) als Pronomen:

Böyle insanlar çok para kazanır.	Solche Leute verdienen viel Geld.
Böyleleri çok para kazanır.	Solche verdienen viel Geld.

Interrogativpronomen kim, ne, hangi

Das Türkische kennt drei Fragepronomen für Personen und Sachen:

kim?	wer?	Frage nach Personen, substantivisch.
ne?	was?	Frage nach Sachen, substantivisch und adjektivisch.
hangi?	welcher, welches?	Frage nach mehreren auszuwählenden Personen und Sachen, wird substantivisch und adjektivisch gebraucht.

Singular	kim	ne	hangisi
	kim*in*	ne*yin*	hangisi*nin*
	kim*e*	ne*ye*	hangisi*ne*
	kim*i*	ne*yi*	hangisi*ni*
	kim*de*	ne*de*	hangisi*nde*
	kim*den*	ne*den*	hangisi*nden*

Plural	kimler	neler	hangileri
	kimler*in*	neler*in*	hangileri*nin*
	kimler*e*	neler*e*	hangileri*ne*
	kimler*i*	neler*i*	hangileri*ni*
	kimler*de*	neler*de*	hangileri*nde*
	kimler*den*	neler*den*	hangileri*nden*

Merke: hangi unterliegt nicht der Vokalharmonie und wird vor einem Bezugswort immer unveränderlich gebraucht.

kim

Bu bey *kim*dir?	Wer ist der/dieser Herr?
Bu kitap *kimin*dir?	Wem gehört dieses Buch?
	(Wessen ist dieses Buch?)
Bu parayı *kime* vereyim?	Wem soll ich dieses Geld geben?
Kimi gördün?	Wen hast du gesehen?
Kitap *kimde*dir?	Bei wem ist das Buch?
	(Wer hat das Buch?)
Bu mektubu *kimden* aldınız?	Von wem haben Sie diesen Brief erhalten?
Kursta *kimler* var?	Wer (alles) ist im Kurs?
Bu evler *kimlerin*dir?	Wem (alles) gehören diese Häuser?
Kimlere gazete vereyim?	Wem (alles) soll ich Zeitungen geben?
Kimleri davet ettiniz?	Wen (alles) haben Sie eingeladen?
*Kimlerde*ydin?	Bei wem (alles) warst du?
Kimlerden haber aldı?	Von wem (alles) hat er Nachricht erhalten?

Gebrauch

---

1. *kim, kimler* (wer, wer alles) wird nur substantivisch gebraucht und fragt nach Personen, wobei die Frage nach mehreren Personen bisweilen die despektierliche Nuance „was für Leute" enthalten kann.

Bu adam kimdir?	Wer ist der Mann?
Gelen kimdir?	Wer ist es, der da kommt?
	(Wer ist der Kommende?)
Bunlar kimlerdir?	Wer sind diese Leute?

2. *kim* mit Possessivendung der 3. Person Singular oder Plural wird für Gegensätze angewandt (Synonym dazu *bazı*):

kimi – kimi	der eine – der andere
Kimi okuyordu kimi yazıyordu.	Der eine las, der andere schrieb.
Kimimiz bilir, kimimiz bilmez.	Einige von uns wissen es, andere wissen es nicht.
Kiminiz İngilizce bilir,	Einige von euch können Englisch,
kiminiz Almanca bilir.	andere von euch können Deutsch.

3. *kim* wird auch als Pronomen mit Possessivendung (gelegentlich doppelt suffigiert) mit und ohne Bezugswort (im Sinne von: manche/einige) gebraucht (Synonym zu *bazı*):

Kimi (oder: kimisi) Almanca öğrenemedi.	Manche haben Deutsch nicht erlernen können.
Kimi arkadaşlar lojmanda kaldı, kimi ev tuttu.	Manche Kollegen haben in einer Firmenunterkunft gewohnt, und manche haben eine Wohnung gemietet.

ne

Ne sordun?	Was hast du gefragt?
Ne*yin* kapısı budur?	Wessen (Sache) ist diese Türe?
Ne*ye* bakıyorsun?	Wonach schaust du?
Ne*yi* görüyorsunuz?	Was seht ihr?
Ne*de* seni tuttular?	Wobei haben sie (hat man) dich erwischt?
Ne*den* sordular?	Wozu haben sie gefragt?

Gebrauch

1. Das Fragewort *ne* ist ein echtes Nomen und fragt nach Sachen. Es kann daher die Pluralendung im Sinne von „was alles" annehmen:

Bu *ne*?	Was ist das?
Neler aldın?	Was alles hast du gekauft?

2. Ebenso kann die Possessivendung mit entsprechender Bedeutungs-
erweiterung angefügt werden, wobei es sich häufig um Schmerzloka-
lisierung handelt:

ne*m* oder ne*yim*	Was von mir, was an mir?
Doktor Bey, ne*yim* var?	Herr Doktor, was habe ich?
Ne*yin* ağrıyor?	Wo schmerzt es dich?
Ali hasta. Ne*si* var?	Ali ist krank. Was hat er?
Acaba ne*yimiz* var?	Was fehlt uns wohl?
Bügün ne*yiniz* var?	Was fehlt ihnen heute?
Ali'ler hasta. Ne*leri* var?	Ali und die Seinen sind krank. Was haben sie?
İstanbul'*un* ne*si* güzeldir?	Was an Istanbul ist schön?
Venedik'te nelerimiz var?	Was für Sachen von uns gibt es in Venedig?

3. In Verbindung mit entsprechenden Nomen, zu denen es adjektivisch-attributiv tritt, bildet es Fragewörter nach Zeitangaben:

ne vakit, ne zaman?	wann?

4. Ebenso in Verbindung mit Postpositionen, meistens in Kurzform
verwendet:

ne gibi	wie was (welcher Art)?
ne kadar	wieviel, wie sehr?
ne için / niçin	weswegen?
ne ile / neyle	womit?
ne diye / niye	warum?
ne derece	in welchem Grade/Maße?

5. *ne* kann auch adjektivisch im Sinne von „was für ein", pluralisch
„was für welche" verwendet werden und fragt nach der inneren Qua-
lität (z.B. Charakter, Art oder Beschaffenheit). Die Erweiterungen *ne
gibi, ne kadar, ne derece* können ebenso adjektivisch gebraucht werden:

ne adam?	was für ein Mensch?
ne kadar güzel!	wie hübsch!
ne adamlar?	was für Menschen?

6. *ne* und seine Ableitungen können auch als Ausrufe verwendet werden:

Neler geçirmişiz!	Was haben wir alles durchgemacht!
Ne kadar para kazandın!	Wieviel Geld hast du doch verdient!
Ne kadar güzel!	Wie (überaus) hübsch!

7. Die Frage *nasıl* (ursprünglich *ne asıl*) „wie" zielt auf die Eigenschaft oder das Wohlergehen ab:

Nasıl bir kitap istiyorsunuz?	Was für ein Buch wünschen Sie?
Nasılsınız?	Wie geht es Ihnen?

8. Der Äquativ *nece* fragt nach der Sprache:

Nece konuşuyorlar?	In welcher Sprache (welche Sprache) sprechen sie?

hangi

Ankara'dan *hangi* gün döneceksin?	An welchem Tag wirst du aus Ankara zurückkehren?
Hangi numarayı arıyorsunuz?	Welche Nummer wählen (suchen) Sie?
Evlerin *hangisi* en büyüktür?	Welches der Häuser ist am größten?
Hangisinin çocuğunu tanırsınız?	Wessen Kind kennt ihr?
Hangisine gitti?	Zu welchem ist er gegangen?
Hangisini beğeniyorsunuz?	Welches gefällt Ihnen?
Hangisinde yaptırdın?	Bei welchem hast du es machen lassen?
Hangisinden kitabı aldın?	Von welchem hast du das Buch erhalten?

| Gebrauch |

1. Das Pronomen *hangi* (welcher, welche, welches) fragt nach mehreren auszuwählenden Personen oder Sachen und wird sowohl substantivisch als auch adjektivisch verwendet.

2. Als Adjektiv steht es immer unverändert vor seinem Bezugswort:

hangi kitap?   welches Buch?
hangi çocuklar?   welche Kinder?

3. Bei substantivischer Verwendung trägt *hangi* immer ein Possessivsuffix und steht in einer losen Substantivverbindung, auch wenn diese nicht genannt, sondern hinzuzudenken ist:

Bu kitap*ların* hangi*si*?   Welches dieser Bücher?
Bu beyler*in* hangi*leri*?   Welcher dieser Herren?
Çocuklar*ın* hangi*si* Türk?   Welches der Kinder ist Türke?
Şu iki resme bak. Hangi*si* daha   Sieh dir diese beiden Bilder an.
güzel?   Welches (von ihnen) ist schöner?
Hangi*si*ni istiyorsun?   Welches möchtest du?
Pazara gittim. – Hangi*si*ne?   Ich bin zum Markt gegangen. –
    Zu welchem?
Meyve suları aldım. –   Ich habe Obstsäfte gekauft. –
Hangi*leri*nden?   Von welchen (Sorten)?

4. Außer den Possessivsuffixen der 3. Personen kann *hangi* auch diejenigen der 1. und 2. Personen des Plurals annehmen, ebenso eine Kombination mit dem Pluralsuffix:

Hangi*mizi* ziyaret edeceksin?   Wen von uns wirst du besuchen?
Hangi*nize* yardım edeyim?   Wem von euch soll ich helfen?
Hangi*lerimiz* bu akşam sinemaya   Wer (alles) von uns wird heute
gidecek?   abend ins Kino gehen?
Hangi*leriniz* Türkçe bilir?   Wer (alles) von euch kann Türkisch?

Besonderheiten (Verallgemeinernde Fragepronomen)

1. Die Fragepronomen *kim, ne, hangi* können durch Vorsetzung von *her* (jeder) verallgemeinert werden, wobei dann das Prädikat in den Konditional gesetzt werden muß:

Her kim gelir*se*.   Wer auch immer kommt
                                             (kommen mag).

Beni *her kim* sorar*sa*, haber ver!   Wer auch immer nach mir fragt
                                             (fragen sollte), gib Bescheid!

*Her ne*den*se* bozuştuk.   Was auch immer (der Grund sei),
                                             wir haben uns überworfen.

Her ne kadar istiyor*sam* da,   Wie sehr ich es auch will, ich kann
iyi Türkçe konuşamıyorum.   nicht gut Türkisch sprechen.

Merke: Herhangi steht für „irgend-".

Herhangi bir köye gitmem.   Ich gehe nicht in irgendein Dorf.

2. Auch ohne *her* werden die Fragepronomen verallgemeinert, wenn
das Prädikat im Konditional steht:

kim gelir*se*   wer auch kommt
ne olur*sa*   was auch wird
*nasıl*sa   wie es auch ist

3. In einzelnen Formen sind die Fragepronomen durch *ise* (Konditional, siehe dort) erweitert und haben eine selbständige Bedeutung angenommen:

kim*se*   jemand (eigentlich: wer es auch ist)
neden*se*   aus irgendeinem Grunde (weshalb
                                             es auch ist)
ne *ise*   kurzum (was es auch ist)

Fragendes Ortspronomen nere

Nach dem Vorbild der demonstrativen Ortspronomen gibt es ein fragendes Ortspronomen (wobei die Grundform wieder die Possessivendung der 3. Person Singular oder Plural annimmt, da man von einer
Genitivkonstruktion ausgeht: *Türkiye'nin nereleri?* (welche Orte der
Türkei?):

Singular	nere*si*	was für ein Ort
	nere*nin*	welchen Ortes
	nere*ye*	wohin
	nere*yi*	welchen Ort
	nere*de*	wo
	nere*den*	woher

Plural	nerel*eri*	welche Gegend
	nerel*erin*	welcher Gegend
	nerel*ere*	in welche Gegend
	nerel*eri*	welche Gegend
	nerel*erde*	in welcher Gegend
	nerel*erden*	aus welcher Gegend

Merke: Es gibt auch die von *neresi* abgeleiteten Formen: *neresinin, neresine, neresini, neresinde, neresinden.*

Gebrauch

Orası nere*si?*	Welche Stelle ist dort?
	(häufig bei Telefonanrufen!)
Bu resim nere*nin?*	Von welchem Ort ist dieses Bild?
Nere*ye* gidiyor?	Wohin geht er/sie?
Nere*yi* görüyorsun?	Was betrachtest du?
Berlin'in nere*sinde* oturdun?	Wo in Berlin hast du gewohnt?
Nere*den* yolculuk böyle?	Woher die Reise?
Almanya'nın nere*sinden*siniz?	Aus welcher Gegend Deutschlands stammen Sie?
Türkiye'nin nere*lerini* gezdiniz?	Welche Gegenden der Türkei habt ihr besucht?
Nere*lerde*sin?	Wo steckst du denn (überall)?

Ebenso können die fragenden Ortspronomen Possessivsuffixe annehmen und beziehen sich dann auf Körperstellen:

Nere*n* acıyor?	Wo (an welcher Stelle) tut es dir weh?
Nere*niz* ağrıyor?	Wo haben Sie Schmerzen?

Reflexivpronomen kendi

Das Pronomen *kendi* (selbst) wird mit und ohne Possessivendung verwendet. Ohne Possessivendung tritt es als attributives Adjektiv in der Bedeutung von „eigen" vor sein Bezugswort, das dann die Possessivendung annimmt. Mit Possessivendung steht es in der Bedeutung von „selbst", „selber" und wird regelmäßig dekliniert:

Singular	kendi*m*	kendi*n*	kendi*si*
	kendi*m*in	kendi*n*in	kendi*si*nin
	kendi*m*e	kendi*n*e	kendi*si*ne
	kendi*m*i	kendi*n*i	kendi*si*ni
	kendi*m*de	kendi*n*de	kendi*si*nde
	kendi*m*den	kendi*n*den	kendi*si*nden

Plural	kendi*miz*	kendi*niz*	kendi*leri*
	kendi*miz*in	kendi*niz*in	kendi*leri*nin
	kendi*miz*e	kendi*niz*e	kendi*leri*ne
	kendi*miz*i	kendi*niz*i	kendi*leri*ni
	kendi*miz*de	kendi*niz*de	kendi*leri*nde
	kendi*miz*den	kendi*niz*den	kendi*leri*nden

Gebrauch

1. Als attributives Adjektiv:

Kendi odam var.	Ich habe ein eigenes Zimmer.
Kendi kitabın yok mu?	Hast du kein eigenes Buch?
Kendi arabasını istiyor.	Er möchte sein eigenes Auto haben.
Kendi evimizdeyiz.	Wir sind in unserem eigenen Haus.
Kendi çocuğunuz var mi?	Haben Sie/habt ihr ein eigenes Kind?
Kendi paraları yok.	Sie haben kein eigenes Geld.

2. Als reflexives Pronomen mit Possessivendung:

Elbiseyi kendi*m* diktim.	Das Kleid habe ich selbst genäht.
Pastayı kendi*n* mi yedin?	Hast du den Kuchen selbst gegessen?
Kendi*si* gelsin!	Er soll selbst kommen!
Bu mektubu kendi*miz* yazdık.	Wir haben den Brief selbst geschrieben.
Yemeği kendi*niz* mi pişirdiniz?	Haben Sie/habt ihr das Essen selbst gekocht?
Şarabı kendi*leri* içtiler.	Sie haben den Wein selbst getrunken.

3. Wenn das Subjekt kein Personalpronomen ist, wird das Pronomen *kendi* in der 3. Person im Singular und Plural in einer Genitivkonstruktion gebraucht:

Gülün'*ün* kend*isi* gelsin.	Gülün soll selbst kommen.
Öğrenciler*in* kend*ileri* gelsin.	Die Schüler sollen selbst kommen.

4. Um die Bedeutung „er/sie selbst" auszudrücken – wenn es nicht durch ein reflexives Verb ausgedrückt werden kann –, bleibt *kendi* ohne das Possessivsuffix der 3. Person. Vor der Fallendung muß dann der Füllkonsonant -*n*- eingefügt werden:

Biraz kend*i*ni düşün!	Denk ein wenig an dich!
Elif kend*i*ni iyi hissetmiyor.	Elif fühlt sich nicht wohl.
Henüz kend*i*ne gelmedi.	Sie ist noch nicht zu sich gekommen.
Suna kend*i*ne bir defter aldı.	Suna hat sich selbst ein Heft gekauft.

aber:

Suna kend*i*sine bir defter aldı.	Suna hat ihr (einer bestimmten Person) ein Heft gekauft.
Ali kend*i*ni televizyonda seyretti.	Ali hat sich im Fernsehen gesehen.

aber:

Buna çok sev*i*ndi.*	Er hat sich sehr gefreut.

*sich wird hier im Verb ausgedrückt = sev*i*nmek: sich lieben, von sevmek = lieben (s.a. reflexive Verben, Seite 124).

5. *Kendisi* wird auch in der Bedeutung des Personalpronomens der 3. Person bei höflichen Aussagen verwendet:

Kendisi nerede şimdi?	Wo ist er/sie jetzt?
Kendisini gördün mü?	Hast du ihn/sie (selbst) gesehen?

Für die 3. Person im Singular wird *kendi* auch im Plural *kendileri* als Plural der Höflichkeit gebraucht:

Bakan Bey bizi bekliyorlar.	Herr Minister erwarten uns.
Kendileri bizi kabul edecek(ler).	Er wird uns empfangen.

6. *Kendi* mit Possessiv- und Genitivendung kann auch als Ersatz des Possessivpronomens bei der Wiedergabe von „gehören" gebraucht werden:

Bu ev kendi*mizin*.   Das Haus gehört uns.
(statt: Bu ev bizim.)
Bu kitap kendi*nizin* mi?   Gehört das Buch Ihnen/euch?
(statt: Bu kitap sizin mi?)

7. In Abhängigkeit von Verben wird das Reflexivpronomen dann verwendet, wenn die Reflexivform des Verbums nicht existiert oder eine
nicht-reflexive Bedeutung angenommen hat. Die häufigsten Verwen-
dungen sind:

im Dativ
− kendi*ne* gelmek: a) zu sich kommen,
                                             b) sich beherrschen, Vernunft
                                             annehmen:
Hasta kendi*ne* geldi.   Der Patient ist zu sich gekommen.
Kendi*ne* gel!   Beherrsch dich!/Nimm Vernunft
                                             an!

− kendi*ne* … almak: sich kaufen:
Kendi*me* bir araba aldım.   Ich habe mir selbst ein Auto
                                             gekauft.

im Akkusativ
− kendi(si)*ni* hissetmek: sich fühlen:
Bugün kendi*mi* iyi hissetmiyorum.   Heute fühle ich mich nicht wohl.
Hasta dün kendi(si)*ni* nasıl hissetti?   Wie fühlte sich der Patient
                                             gestern?

− kendi(si)*ni* kaybetmek: siehe unten „kendinden geçmek'"

im Lokativ
Kendi aramız*da* Türkçe konuşuruz.   Unter uns sprechen wir Türkisch.
Kendi aranız*da*   Unter euch
Kendi araların*da*   Unter sich (Plural)

im Ablativ
kendi*nden* geçmek   a) bewußtlos werden,
                                             b) außer sich geraten (vor Freude
                                             usw.):
Hasta kendi*nden* geçti.   Der Patient ist bewußtlos
                                             geworden.
Çocuklar sevinç*ten* kendileri*nden*   Die Kinder sind vor Freude außer
geçti.   sich geraten.

8. Eine Verstärkung kann erzielt werden durch Vorsetzen der endungslosen Form vor das mit dem Possessiv- und Dativsuffix versehene
Reflexivpronomen, das dann die Bedeutung „von sich aus, für sich
selbst", „aus eigenem Antrieb", „spontan" annimmt:

Kendi kendimize Türkçe öğrendik.	Wir haben von uns aus Türkisch gelernt.

Der gleiche Sachverhalt kann durch *kendilik*, versehen mit der Posses-
siv- und Ablativendung, wiedergegeben werden:

Kendiliğimizden Türkçe öğrendik.	Wir haben von uns aus Türkisch gelernt.
Peter dün bizi *kendiliğinden* ziyaret etti.	Peter hat uns gestern spontan besucht.

Die Wendung *kendi başına* (ganz allein, ohne fremde Hilfe) entspricht
dem Ausdruck *kendi kendine*.

Reziprokes Pronomen birbiri

Das Reflexivpronomen *birbiri* (einander, gegenseitig) wird bei der
gegenseitigen Rückbezüglichkeit (reziprokes Reflexivum) gebraucht
und kommt daher im Nominativ nicht vor. Das Pronomen nimmt Pos-
sessiv- und Fallendungen an und wird entsprechend flektiert.

> Gebrauch

1. Die Form *birbiri* erscheint nur, wenn es sich um zwei Personen
(oder Sachen) handelt, andernfalls tritt *birbirleri* ein.

2. Verwendung im Dativ:

birbirin*e*	(sich) einander (3. Person Singular)
birbirimiz*e*	(uns) einander (1. Person Plural)
bibirini*ze*	(euch/sich) einander (2. Person Pural)
birbirlerin*e*	(sich) einander (3. Person Plural)

Birbirimiz*e* yazıyoruz, çocuklar da birbirlerin*e* yazıyorlar.	Wir schreiben uns, und die Kinder schreiben sich auch.
Birbiriniz*e* yardım ediyor musunuz?	Helft Ihr euch? Helfen Sie sich?

3. Verwendung im Akkusativ: Hier erscheint es, wenn reziproke Verben nicht möglich sind oder Bedeutungsnuancen mißverständlich werden. (Siehe auch „reziproke Verben", Seite 124):

birbirini	(sich) einander (3. Person Singular)
birbirimizi	(uns) einander (1. Person Plural)
birbirinizi	(euch/sich) einander (2. Person Plural)
birbirlerini	(sich) einander (3. Person Plural)
Birbirimizi seviyoruz. (statt sevişiyoruz)	Wir lieben uns.
Birbirinizi seviyor musunuz?	Liebt ihr euch?
Birbirimizi tanıyoruz.	Wir kennen einander (d.h., jeder weiß, was für ein Mensch der andere ist).
aber:	
Tanışıyoruz.	Wir kennen uns (im Sinne von: wir haben uns kennengelernt, wir sind uns schon vorgestellt worden).
Birbirimizi unutmayalım.	Vergessen wir (uns) einander nicht!

4. Verwendung mit dem Ablativ:

birbirimizden	(wir) voneinander
birbirinizden	(ihr/Sie) voneinander
birbirilerinden	(sie) voneinander (3. Person Plural)
Birbirinden güzel iki kedicik.	Zwei Kätzchen, eines schöner als das andere.
Birbirilerinden ayrılmıyorlar.	Sie trennen sich nicht voneinander.

5. Alle Formen können mit *için* (im Sinne von „füreinander") verwendet werden:

birbirimiz *için*	(wir) füreinander usw.

6. Auch mit *ile* kann *birbiri* kombiniert werden:

Birbirleriyle anlaşıyorlar.	Sie verstehen sich untereinander gut.

Relativpronomen ki

Ein türkisches Relativpronomen gibt es nicht. Relativsätze werden durch Partizipialkonstruktionen (siehe Seite 126 ff.) wiedergegeben. Das persische Relativpronomen *ki* (siehe Seite 192) ist in der Umgangssprache veraltet, in der gehobenen Sprache wird diese persische Konstruktion nuanciert verwendet.

Unbestimmte Pronomen

Ein dem deutschen *man* entsprechendes unbestimmtes Pronomen kennt das Türkische nicht. Zu seiner Wiedergabe wird entweder die 3. Person Plural, das Wort *insan, kişi* (Mensch) verwendet oder der Satz passivisch gebildet.

Nur *substantivisch*:

1. *birisi* (jemand) und *biri* (einer) sind nur substantivisch und ohne Bezugswort verwendbar, untereinander austauschbar und können sowohl für Personen als auch für Sachen stehen:

Demin *biri* geldi, seni sordu.	Vorhin ist einer gekommen und hat nach dir gefragt.
Yolu *birisine* sordum.	Ich habe jemanden nach dem Weg gefragt.
Bugün üç mektup geldi, *birisi* annemden.	Heute sind drei Briefe gekommen, einer von meiner Mutter.

biri betont mehr die Zahl, *birisi* hingegen individualisiert die betreffende Person (oder Sache), wenn der durch das Possessivsuffix der 3. Person Singular angedeutete Bezug genannt wird:

arkadaşlarınızdan *biri*	jemand von euren Freunden
aber:	
profesörlerimizden *birisi*	der eine von unseren Professoren

Die Verneinungsformen *hiçbiri* (keiner), seltener *hiçbirisi*, bezieht sich auf Personen und Sachen, die bekannt sind oder vorher genannt wurden, wobei das Prädikat verneint wird:

Çocuklar geldi mi? –
Hiçbiri gelmedi.
İşlerini bitirdin mi? –
Hiçbirini bitiremedim.

Sind die Kinder gekommen? –
Keines ist gekommen.
Hast du deine Aufgaben erledigt?
– Keine habe ich erledigen
können.

Häufiger sind die Possessivformen von *hiçbir*:

hiçbiri*miz*
hiçbiri*niz*
Hiçbiri*miz* gelmedi.

keiner von uns
keiner von euch
Keiner von uns kam.

2. *kimse* steht sowohl für „jemand" in Fragesätzen als auch für „niemand" in verneinten Sätzen (häufig mit *hiç* verstärkt):

Evde kimse var mı?
Evde *kimse* yok mu?
Bugün *kimse* telefon etti mi?
Hiç kimse telefon etmedi.

Ist jemand zu Hause?
Ist niemand zu Hause?
Hat heute jemand angerufen?
Überhaupt niemand hat angerufen.

In bejahten Sätzen kann *kimse* nur in der Form *bir kimse* (eine Person = jemand) oder *kimseler* (Personen, Leute) stehen. *Kimse* kann alle besitzanzeigenden Endungen annehmen:

Burada kimse*m* yok.
Ankara'da kimse*niz* var mı?

Ich habe hier niemanden.
Haben Sie jemanden in Ankara?

3. *Herkes* (jeder, alle) wird ohne Bezugswort gebraucht und bezieht sich nur auf Personen *kes* (Individuum):

Herkes çalışmalı.

Jeder muß arbeiten. /
Alle müssen arbeiten.

Annemin doğum gününe
herkes geldi.

Zum Geburtstag meiner Mutter ist
jeder (sind alle) gekommen.

4. *Her şey* (alles), *bir şey* (etwas) und *hiçbir şey* (nichts) stehen für „absolut alles" bzw. „absolut nichts" (mit verneintem Verb) ohne Bezug auf etwas Bekanntes oder vorher Genanntes:

Oğlum *her şeyi* komşulara anlatır.

Mein Sohn erzählt alles den Nachbarn.

Hiçbir şey anlamadım.   Ich habe gar nichts verstanden.
Bir şey içer misin?   Möchtest du etwas trinken?

5. *Hepsi* (alle, alles) steht ohne sein Bezugswort, allerdings müssen die Personen oder Sachen, auf die sich *hepsi* beziehen soll, bekannt oder vorher erwähnt worden sein:

Hepsini anladın mı?   Hast du alles verstanden?
Oğlum *hepsini* komşulara anlattı.   Mein Sohn hat alles (z.B. was wir
                                           besprochen haben) den Nachbarn
                                           erzählt.
Hepimiz Türk.   Wir sind alle Türken.
Hepinize iyi günler dilerim.   Ich wünsche euch allen angeneh-
                                           me Tage.

Hep allein kommt seltener vor; meist dann, wenn es Subjekt eines Satzes ist, dessen Prädikat eine den Possessivsuffixen, die an *hep* treten müßten, gleichgeordnete Endung hat:

Biz *hep* arkadaşız.   Wir sind alle Freunde.
(statt: hepimiz arkadaşız)

Hep (in der Bedeutung: immer, ständig) wird ohne Bezugswort gebraucht; steht aber auch in Verbindung mit *hep birlikte* oder *hep beraber* (alle zusammen):

Seni *hep* düşünüyorum.   Ich denke immer an dich.
Hep beraber sinemaya gidelim.   Gehen wir doch alle zusammen
                                           ins Kino.

6. *Bazı* oder *kimi* (mancher, manche, manches) können mit und ohne Bezugswort gebraucht werden; ohne Bezugswort stehen sie mit der Possessivendung der 3. Person Singular oder Plural, also bazı*sı*, bazı*ları* bzw. kimi*si*:

Bazı*sı* (oder bazı*ları*)
Almanca öğrenemedi.   Manche haben Deutsch nicht
Kim*i* (oder kimi*si*)   erlernen können.
Almanca öğrenemedi.

Bazılarını dün gördüm.   Manche habe ich gestern gesehen.
Öğrenciler*in bazılarını* dün   Manche (der) Schüler habe ich
plajda gördüm.   gestern am Strand gesehen.

adjektivisch

1. *her* und *hiç*

Her (jeder) kann nur adjektivisch gebraucht werden: *her kişi* (jede Person), die Verneinung dazu ist *hiç* (mit verneintem Verb):

Her çocuğa iki mark ver.	Gib jedem Kind zwei Mark.
*Hiç*birimiz para vermedi.	Keiner von uns gab Geld.

Hiç bedeutet mit verneintem Verb gelegentlich auch „niemals" und mit positivem Verb (in der Regel in Fragesätzen) „jemals":

Kendisini *hiç* görmedim.	Ich habe ihn nie gesehen.
Kendisini *hiç* gördün mü?	Hast du ihn je gesehen?

2. *bütün* steht adjektivisch-attributiv im Sinne von „alle" (im Plural) und „ganz" (im Singular):

bütün ev	das ganze Haus
bütün evler	alle Häuser

Bütün prädikativ im Sinne von „ganz" steht für „unversehrt, ungeteilt".

substantivisch und *adjektivisch*:

1. *başka* (anderer, andere, anderes) wird nur unbestimmt im Sinne von „andersartig" gebraucht und kann mit und ohne Bezugswort stehen. Bei Verwendung als Substantiv nimmt es die Possessivendung der 3. Person Singular und natürlich alle Fallendungen an. Ebenso kann es in den Plural gesetzt werden:

bir başka*sı*	ein anderer (als der Erwähnte oder Gedachte etc.)
Başka*sı* bilmesin.	Es soll kein anderer wissen.
Başkasına söyleme.	Sag es keinem anderen!

Bei Verwendung als Adjektiv (attributiv und prädikativ) entfällt die Possessivendung:

Başka gömlek giy.	Zieh ein anderes Hemd an!
Başka bir elbise al.	Nimm ein anderes Kleid!
Başka bir gün gelirim.	Ich komme an einem anderen Tag.
Başka bir şey ister misiniz?	Wünschen Sie noch etwas anderes?

Başka kann als Komparativ mit dem Ablativ stehen (oft in der Bedeutung „außer"):

benden *başka* bir kadın	eine andere Frau als ich
Eskiden her şey *başka* idi.	Früher war alles anders.
Ayla'dan *başka* kim çay içmek ister?	Wer noch außer Ayla möchte Tee trinken?

Başka wird manchmal auch ohne Possessivendung verwendet, wenn das Bezugswort kurz vorher genannt wurde:

Bu peynir iyi değil.	Dieser Käse ist nicht gut.
Başka yok mu?	Ist kein anderer da?

2. *diğer, öbür, öteki* (der andere, die andere, das andere) stehen bei Bestimmtheit und können adjektivisch und substantivisch gebraucht werden, wobei in letzterem Falle wieder die Possessivendung der 3. Person stehen muß. Die Mehrzahl und alle Fallendungen können angefügt werden:

bir diğer*i*	der andere (als der Erwähnte oder Gedachte etc.)
Diğer (öteki) gömleği giy!	Zieh das andere Hemd an!
Bu kitabı değil, *öteki* kitabı ver.	Gib nicht dieses Buch, sondern das andere Buch her!
Peki, ilk gün evde kaldın, *öbür* günler ne yaptın?	Nun gut, am ersten Tag bist du zu Hause geblieben; was hast du an den anderen Tage gemacht?
Öbür (öteki) turistler nerede?	Wo sind die anderen Touristen?
Öbürleri (ötekileri) henüz gelmedi.	Die anderen (im Plural: die restlichen) sind noch nicht gekommen.

Merke: Başka in bestimmtem Sinne kann nicht stehen, *diğer* hingegen schon:

Bugün *başka* turistler otele geldi.	Heute sind andere Touristen ins Hotel gekommen.
aber:	
Bügün *diğer* turistler otele geldi.	Heute sind die anderen Touristen ins Hotel gekommen.

3. *falan filan* (unbestimmtes Pronomen zur Bezeichnung unbestimmter Personen oder Gegenstände):

‒ substantivisch:

Falan geldi.	Frau/Herr Soundso ist gekommen.

‒ adjektivisch:

Falan tarihte falan yerde buluştular.	Sie trafen sich am soundsovielten an dem und dem Ort.

Häufig im Sinne unseres „usw.", „etc." nachgestellt:

Bügün şehirde kâğıt, kalem falan filan aldım.	Heute habe ich in der Stadt Papier, Stifte usw. gekauft.

DIE NUMERALE

	Grundzahlen	**Ordnungszahlen**
0	sıfır	
1	bir	birinci
2	iki	ikinci
3	üç	üçüncü
4	dört	dördüncü
5	beş	beşinci
6	altı	altıncı
7	yedi	yedinci
8	sekiz	sekizinci
9	dokuz	dokuzuncu
10	on	onuncu
11	on bir	on birinci
12	on iki	on ikinci
13	on üç	on üçüncü
14	on dört	on dördüncü
	usw.	
20	yirmi	yirminci
21	yirmi bir	yirmi birinci
22	yirmi iki	yirmi ikinci
	usw.	
30	otuz	otuzuncu

40	kırk	kırkıncı
50	elli	ellinci
60	altmış	altmışıncı
70	yetmiş	yetmişinci
80	seksen	sekseninci
90	doksan	doksanıncı
100	yüz	yüzüncü
101	yüz bir	yüz birinci
150	yüz elli	yüz ellinci
1000	bin	bininci
1001	bin bir	bin birinci
1065	bin altmış beş	bin altmış beşinci
1993	bin dokuz yüz doksan üç	bin dokuz yüz doksan üçüncü
2000	iki bin	iki bininci
3000	üç bin	üç bininci
1.000.000	bir milyon	milyonuncu
1.000.000.000	bir milyar	milyarıncı

Grundzahlen

Die türkischen Zahlwörter werden sowohl substantivisch wie adjektivisch gebraucht. Bei adjektivisch-attributivischer Verwendung steht das Bezugswort im Singular, da der Plural durch die Zahl bereits ausgedrückt wird. Die höheren Zahlen werden immer den niedrigeren vorangestellt, aber nicht zusammengeschrieben.

Gebrauch

1. *yüz* und *bin* stehen immer ohne unbestimmten Artikel, *milyon* und *milyar* nehmen hingegen *bir* hinzu.

2. Gewöhnlich steht ein Nomen im Singular:

on çocuk	zehn Kinder
kırk bin ağaç	vierzigtausend Bäume

3. Das Nomen kann aber ein Pluralsuffix annehmen, wenn es bestimmt werden soll, wobei es sich dann meist um einen einheitlichen Begriff handelt:

Ali Baba ve kırk haramiler   Ali Baba und die vierzig Räuber

4. Durch ein Demonstrativpronomen kann ein Nomen mit Zahlwort ebenfalls bestimmt werden:

bu beş kitap   diese fünf Bücher

5. Mit *her* kann es verallgemeinert werden:

her iki kitap   beide Bücher

6. Jede Zahl kann als Nomen verwendet werden:

yüzler   Hunderte
büyük dörtler   die großen Vier

Häufig tritt dann die den Bezug andeutende Possessivendung der 3. Person Singular hinzu:

her ikisi   alle zwei
her biri   jeder einzelne davon
hiçbiri   nicht einer

7. Ebenfalls kann es in der Genitivkonstruktion stehen:

kitapların üçü   die drei Bücher (wobei hier der
                                Plural vorzuziehen ist)
oder im Ablativ:
kitaplardan üçü   die drei Bücher

8. *bir* als unbestimmter Artikel kann auch in Verbindung mit *tek* (einzeln) vorkommen:

Tek bir öğrenci bile derse gelmedi. Nicht ein einziger Schüler kam
                                       zum Unterricht.

9. Zwischen Zahlwort und Nomen können sogenannte Zählwörter treten, wobei das gebräuchlichste *tane* (Stück) ist, *adet* für Stückzahl, Exemplar steht:

dört tane kavun	vier Stück Honigmelonen
altı adet vesikalık fotoğraf	sechs Paßbilder
bir çift çorap	ein Paar Strümpfe
bir parça ekmek	ein Stück Brot
iki baş soğan	zwei Knollen Zwiebeln, etc.

10. Mehrere Zahlen nacheinander stehen für ungenaue Zahlenangaben:

iki üç tane karpuz	zwei oder drei Wassermelonen

11. Die Zahl *kırk* (vierzig) wird häufig für eine unbestimmte große Zahlenangabe verwendet, und idiomatisiert etwa *kırk yılda bir* (alle heiligen Zeiten, wörtlich: einmal in vierzig Jahren) gebraucht.

Ordnungszahlen

Die Ordnungszahlen werden nach der großen Vokalharmonie durch Anfügung der vierförmigen Endung *-inci* (nach vokalischem Auslaut nur *-nci*) gebildet. Das *t* in *dört* wird zu *d*. Sehr häufig findet man statt eines Punktes nach der Zahl die Schreibweise: *1'inci, 2'nci, 3'üncü* usw. Bei zusammengesetzen Zahlen tritt die Endung an die jeweils letzte Ordnungszahl (*yüz yirmi beşinci* = der Hundertfünfundzwanzigste).

Neben *birinci* gibt es *ilk* im Sinne von allererste/r/m:

Bu gazete *ilk* Alman gazetesidir.	Das ist die *allererste* deutsche Zeitung.

Für „der/die letzte" steht im Türkischen *sonuncu*. Das Fragewort lautet demnach *kaçıncı*.

Distributivzahlen

Das zweiförmige Suffix für die von den Grundzahlen abgeleiteten Distributivzahlen lautet (nach der kleinen Vokalharmonie):

-ar (nach a, ı, o, u)	-er (nach e, i, ö, ü)
-şar (bei vokalischem Auslaut)	-şer

| birer | je eins | onar | je zehn |
| altışar | je sechs | yirmişer | je zwanzig |

Merke: Auch für *yarım* (halb) gilt dieses Suffix: *yarımşar* (je ein halb).

Bei zusammengesetzen Zahlen tritt die Endung wieder an die letzte Zahl: *yüz ellişer* (je 150).

Eine Kollektivierung von Exemplaren wird mit Hilfe der vierförmigen Endung (nach der großen Vokalharmonie) *iz, ız, üz, uz* erreicht:

| ikiz | Zwilling(s-) | üçüz | Drilling(s-) |
| dördüz | Vierling(s-) | beşiz | Fünfling(s-) |

Uhrzeit

Das Wort *saat* bedeutet sowohl „Stunde" wie auch „Uhr":

| iki saat | zwei Stunden/zwei Uhren |
| saat iki | zwei Uhr |

| Saat kaç(tır)? | Wieviel Uhr ist es?/Wie spät ist es? |
| Saat iki buçuk(tur). | Es ist halb drei Uhr. |

Die Frage „Um wieviel Uhr" muß im Türkischen im Lokativ stehen, ebenso die Antwort:

| Saat kaçta buluşalım? | Um wieviel Uhr wollen wir uns treffen? |
| Saat beşte. | Um fünf Uhr. |

Für eine halbe Stunde ohne vorher genannte Zahl steht immer *yarım*, dies gilt auch für *yarım saat* (eine halbe Stunde) und *saat yarım* (halb ein Uhr mittags oder nachts). Steht eine Zahl vor halb, wird dies mit *buçuk* wiedergegeben:

| saat dört *buçuk*(ta) | (um) halb fünf Uhr |

Bei der Wiedergabe der Uhrzeit mit Minuten werden bis zu einer halben Stunde nach einer vollen Stunde die vergangenen Minuten mit *geçiyor* (geçmek: vorbeigehen) angegeben. Die Uhrzeit muß dann im Akkusativ stehen. Für Zeitangaben mit „es ist …" wird *geçiyor* und mit „um …" wird *geçe* gebraucht:

Dörd*ü* beş *geçiyor.*	Es ist fünf nach vier.
Sekiz*i* on *geçiyor.*	Es ist zehn nach acht.
Dörd*ü* beş *geçe.*	Um fünf nach vier.
Sekiz*i* on *geçe.*	Um zehn nach acht.
Saat sekiz*i* on dakika *geçiyor.*	Es ist zehn Minuten nach acht Uhr.
Saat on iki*yi* yedi dakika	Es ist sieben Minuten und zwanzig
ve yirmi saniye *geçiyor.*	Sekunden nach zwölf Uhr.

Ab einer halben Stunde wird bis zur nächsten vollen Stunde gerechnet, wobei *bis* durch den Dativ ausgedrückt wird. Zeitangaben mit „es ist …" werden mit *var*, mit „um …" mit *kala* wiedergegeben:

Doku*za* iki *var.*	Es ist zwei vor neun.
Saat doku*za* on dakika *var.*	Es ist zehn Minuten vor neun Uhr.
On bir*e* çeyrek *var.*	Es ist Viertel vor elf.
On*a* dokuz *kala.*	Um neun vor zehn.
Saat yedi*ye* on beş dakika *kala.*	Um fünfzehn Minuten vor sieben Uhr.
Saat yedi*ye* çeyrek *kala.*	Um Viertel vor sieben Uhr.

Çeyrek steht für „Viertel" oder „fünfzehn". Als Anfangszeiten können auch halbe Stunden stehen:

Üç buçuğu iki geçiyor.	Es ist zwei nach halb vier.
Üç buçuğa iki kala.	Um zwei nach halb vier.

Die amtliche Uhrzeit kann wie im Deutschen angegeben werden:

Şimdi saat on iki otuz beş(tir).	Es ist jetzt zwölf Uhr fünfunddreißig.
Saat şimdi on iki otuz beş.	

In der Umgangssprache werden *saat* und *dakika* gerne weggelassen.

Jahreszahl

Im Gegensatz zum Deutschen werden die Jahreszahlen im Türkischen nacheinander gelesen, wie jede normale Zahl (nicht etwa „fünfzehnhundertzwanzig", sondern *bin beş yüz yirmi*). In Verbindung mit der Bezeichnung *yıl/sene* (Jahr) wird der Begriff zu einer verkürzten Genitivkonstruktion, da es sich bei Jahreszahlen um Nomen handelt:

1993 *yılı/senesi*   das Jahr 1993 (das Dreiundneunzi-
                                            ger-Jahr)
1993 *yılında/senesinde*   im Jahre 1993

Wird das Datum nur in Zahlen geschrieben, so läßt man manchmal die
Tausenderzahl weg und schreibt statt 10.1.1995 nur 10.1.995; es ist
jedoch auch die Schreibweise 10.1.95 möglich.

Datum

Das Datum kann verschieden angegeben werden: wie im Deutschen
jedoch ohne Kardinalzahlen oder in einer Genitivverbindung (hauptsächlich in der Umgangssprache):

On beş Ağustos'ta Ankara'ya gideceğim.   Am 15. August
Ağustos'*un* on beş*inde* Ankara'ya gideceğim. werde ich nach
Sekizinci *ayın* on beş*inde* Ankara'ya gideceğim. Ankara fahren.

Beachte: Die letzte Version ist ländlich bzw. stark umgangssprachlich.

Grundsätzlich kann zu den Angaben von Wochentagen, Monatsnamen und Jahreszahlen *gün* (Tag), *ay* (Monat) und *yıl/sene* (Jahr) hinzugefügt werden:

Cuma döneceğim.
Cuma günü döneceğim.   Ich werde Freitag zurückkehren.
Temmuzda geleceğim.   Ich werde im Juli kommen.
Temmuz ayında geldin.   Du bist im Monat Juli gekommen.
1970'da doğdum.
1970 yılında doğdum.   Ich bin 1970 geboren.

Auch folgende Angaben sind möglich:

29 Ekim 1923'te
29 Ekim 1923 günü   am 29. Oktober
29 Ekim 1923 tarihinde
29 Ekim 1923 Cuma günü   am Freitag, den 29. Oktober 1923
29 Ekim 1923 Cuma   am Freitag, den 29. Oktober 1923
günü saat 10'da   um 10.00 Uhr

Frage nach dem Tag oder Datum:

Bugün *ayın* kaçı?   Den wievielten des Monats haben
                                      wir heute?

Ali *ayın kaçında* gelecek?   Am wievielten des Monats wird Ali
                                      kommen?

Römische Ziffern werden im Türkischen ebenfalls verwendet:

22/IV/1982
XX. yüzyıl (yirminci yüzyıl)   das zwanzigste Jahrhundert
III. Ahmet (Üçüncü Ahmet)   Ahmet III. (der Dritte)

Alter

Wie die Jahreszahlen treten die Zahlen in Altersangaben in eine kurze
Genitivverbindung mit *yaş* (Alter):

*on dört yaş*ındadır   er/sie ist vierzehn Jahre alt (wört-
                                      lich: er/sie ist im vierzehnten
                                      Lebensalter)

*on dört yaş*ında bir öğrenci   ein vierzehnjähriger Schüler

Merke: Dieser Gebrauch ist nur bei Altersangaben von Menschen und
Tieren üblich, sonst wird „vierzehnjährig" mit *on dört senelik* angegeben.

Bruch- und Dezimalzahlen

1/2	yarım	ein halb (*aber*: yarı = die Hälfte)
1/3	üçte bir	ein Drittel
1/4	çeyrek/bir	ein Viertel
	çeyrek/dörtte bir	
3/4	üç çeyrek/	drei Viertel
	dörtte üç	
3/8	sekizde üç	drei Achtel
1/10	onda bir	ein Zehntel
1/100	yüzde bir	ein Hundertstel
1 1/2	bir buçuk	eineinhalb
3 2/3	üç tam üçte iki	dreizweidrittel
6 3/4	altı ile dörtte üç	sechsdreiviertel

0,4	sıfır onda dört/ sıfır virgül dört	Null Komma vier
2,7	iki onda yedi/ iki virgül yedi	Zwei Komma sieben
6,89	altı tam yüzde seksen dokuz/altı virgül seksen dokuz	
4,015	dört tam binde on beş/dört virgül sıfır on beş	

Merke: Die mathematisch-wissenschaftliche Bezeichung wird mit *bölü* (geteilt durch) gebildet: *bir bölü iki* (1/2), *bir bölü üç* (1/3), *üç tam iki bölü üç* (3 2/3) usw.

Für *halb* ohne vorhergehende Zahl steht immer *yarım*, mit einer Zahl steht stets *buçuk*. *Çeyrek* (Viertel) ist nur bei Uhrzeitangaben, Münzbezeichnungen usw. üblich. Ansonsten tritt der Nenner in den Lokativ und als Attribut vor den Zähler. Tritt eine ganze Zahl davor, wird die Bruchzahl mit *ile* angeschlossen.

Als idiomatische Redewendung findet *ikide bir* (öfters, alle Nasen lang) oder *binde bir* (sehr selten) Verbreitung:

Almanya'da yaşayan Türk'lerin beşte üçü Türkiye'ye dönmeyi düşünmüyor.	Drei Fünftel der in Deutschland lebenden Türken denken nicht daran, in die Türkei zurückzukehren.

Prozentzahlen

„Prozent" wird mit *yüzde* (in Hundert) und „Promille" mit *binde* (in Tausend) vor der Zahl ausgedrückt:

Sınıfımızdaki çocukların yüzde 30'u yabancıdır.	30 % der Kinder in unserer Klasse sind Ausländer.
Türk halkının %7'si İstanbul'da yaşıyor.	7 % der türkischen Bevölkerung lebt in Istanbul.
Ali yarın yüzde yüz gelir.	Ali kommt morgen hundertprozentig.
Bu işte şansımız binde bir.	In dieser Sache stehen unsere Chancen eins zu Tausend.

Vervielfältigungszahlwörter

Vervielfältigungszahlen werden mit *misil* (Vielfaches, mit Vokalausfall
misli) gebildet, dabei stehen *bir misli* wie auch *iki misli* für „doppelt so
viel":

Fiyatlar bir misli arttı.	Die Preise sind aufs Doppelte gestiegen. (… sind um ein Gleiches gestiegen)
Bugün, her gün yediğimin iki mislini yedim.	Heute habe ich doppelt soviel wie jeden Tag gegessen. (… das Zweifache von dem, was ich jeden Tag esse)

Bei Vergleichen wird es entweder in der Genitivverbindung (siehe
oben) oder mit dem Komparativ gebraucht:

Ali Mehmet'ten üç misli fazla yedi.	Ali hat dreimal soviel gegessen wie Mehmet.

Neben *misil* wird auch *kat* (hier im Sinne von Mehr-, Vielfaches) verwendet, daneben auch *defa*:

Bu kumaş, ondan dört kat pahalı.	Dieser Stoff ist viermal so teuer wie jener.
Bluzun fiyatı kazağın üç katı.	Der Preis der Bluse ist der dreifache des Pullis.
Türkiye Federal Almanya'dan üç defa daha büyük.	Die Türkei ist zweimal so groß wie die Bundesrepublik.

Die Vervielfältigung mit Ordnungszahlen kommt ohne Vervielfältigungswort aus:

Bursa Türkiye'nin beşinci büyük şehri.	Bursa ist die fünftgrößte Stadt der Türkei.

Gewichte und Maßeinheiten

Gewichte und Maßeinheiten entsprechen den deutschen:

		Abkürzung
gram	Gramm	gr
kilo(gram)	Kilo(gramm)	kg
yarım kilo	ein halbes Kilo	
	(für Pfund gibt es keine Entsprechung)	
litre	Liter	l
metre	Meter	m
metrekare	Quadratmeter	m²
milimetre	Millimeter	mm
santimetre	Zentimeter	cm
kilometre	Kilometer	km
kilometrekare	Quadratkilometer	km²

Die türkische Währungseinheit wird mit türkischen Pfunden *(Türk Lirası, TL)* angegeben, in der gesprochenen Sprache nur *Lira* verwendet. Die kleinere Einheit *kuruş* (Entsprechung für Pfennig/Groschen) ist nicht mehr in Gebrauch.

DAS VERB

Alle Verbformen werden durch Suffixe ausgedrückt, ausgenommen der Imperativ Singular.

Die Kopula (Das Hilfsverb *sein*: Personalendungen)

Im Türkischen wird das Hilfsverb *sein* durch das *Personalsuffix*, das der großen Vokalharmonie (ausgenommen die 3. Person Plural) unterliegt, nicht betont ist und im Präsens folgende Formen hat, ausgedrückt:

nach	*e* oder *i*	*a* oder *ı*	*ö* oder *ü*	*o* oder *u*
ben	-(y)*i*m	-(y)*ı*m	-(y)*ü*m	-(y)*u*m
sen	-s*i*n	-s*ı*n	-s*ü*n	-s*u*n
o	–	–	–	–
biz	-(y)*i*z	-(y)*ı*z	-(y)*ü*z	-(y)*u*z
siz	-s*i*niz	-s*ı*nız	-s*ü*nüz	-s*u*nuz
onlar	-(l*e*r)	-(l*a*r)	-(l*e*r)	-(l*a*r)

Bei vokalischem Auslaut des Wortstammes muß bei den 1. Personen
der Füllkonsonant *y* stehen.

Konsonantischer Auslaut mit letztem Vokal

e oder *i*	*a* oder *ı*	*ö* oder *ü*	*o* oder *u*
güzel*im**	çalışkan*ım**	üzgün*üm**	yorgun*um**
güzel*sin*	çalışkan*sın*	üzgün*sün*	yorgun*sun*
güzel	çalışkan	üzgün	yorgun
güzel*iz*	çalışkan*ız*	üzgün*üz*	yorgun*uz*
güzel*siniz*	çalışkan*sınız*	üzgün*sünüz*	yorgun*sunuz*
güzel*(ler)*	çalışkan*(lar)*	üzgün*(ler)*	yorgun*(lar)*
*ich bin hübsch	*ich bin fleißig	*ich bin traurig	*ich bin müde

Vokalischer Auslaut mit letztem Vokal

e oder *i*	*a* oder *ı*	*ö* oder *ü*	*o* oder *u*
iyiy*im**	hastay*ım**	güçlüy*üm*	tutumluy*um*
iyi*sin*	hasta*sın*	güçlü*sün*	tutumlu*sun*
iyi	hasta	güçlü	tutumlu
iyiy*iz*	hastay*ız*	güçlüy*üz*	tutumluy*uz*
iyi*siniz*	hasta*sınız*	güçlü*sünüz*	tutumlu*sunuz*
iyi*(ler)*	hasta*(lar)*	güçlü*(ler)*	tutumlu*(lar)*
*mir geht es gut	*ich bin krank	*ich bin stark	*ich bin sparsam

Die *Frageform* (ebenfalls unbetont) lautet bei konsonantischem oder
vokalischem Auslaut nach:

e oder *i*	*a* oder *ı*	*ö* oder *ü*	*o* oder *u*
güzel *miyim**	hasta *mıyım**	Türk *müyüm**	memnun *muyum**
güzel *misin*	hasta *mısın*	Türk *müsün*	memnun *musun*
güzel *mi*	hasta *mı*	Türk *mü*	memnun *mu*
güzel *miyiz*	hasta *mıyız*	Türk *müyüz*	memnun *muyuz*
güzel *misiniz*	hasta *mısınız*	Türk *müsünüz*	memnun *musunuz*
güzel(ler) *mi*	hasta(lar) *mı*	Türk(ler) *mi*	memnun(lar) *mı*
*bin ich hübsch?	*bin ich krank?	*bin ich Türke?	*bin ich zufrieden?

Verneinung des Hilfsverbs değil

Die *Verneinung* lautet stets *değil*; daran tritt die Personalendung:

güzel (çalışkan/üzgün/yorgun)	değil*im**
güzel	değil*sin*
güzel	değil
güzel	değil*iz*
güzel	değil*siniz*
güzel	değil(*ler*)

*ich bin nicht hübsch (fleißig/traurig/müde).

Bei der *verneinenden Frage* rückt die Personalendung an die Fragepartikel *mi*:

güzel (çalışkan/üzgün/yorgun)	değil *miyim?**
güzel	değil *misin?*
güzel	değil *mi?*
güzel	değil *miyiz?*
güzel	değil *misiniz?*
güzel	değil(ler) *mi?*

*bin ich nicht hübsch (fleißig/traurig/müde)?

Gebrauch

1. Die türkische Sprache kennt kein eigenes Wort für *sein*, sondern ersetzt es durch Personalendungen. Die 3. Person Singular ist endungslos. Im Plural muß die Endung entweder am Nomen oder, wenn dieses nicht erwähnt wird, am Adjektiv erscheinen:

Bu peynir iyi.	Dieser Käse *ist* gut.
Çocuk*lar* çalışkan mı?	*Sind* die Kinder fleißig?
Çok çalışkan*lar*.	Sie sind sehr fleißig.

2. Die Endung wird dem Prädikatsnomen oder -adjektiv angehängt und nicht betont. Ihr Vokal richtet sich nach dem letzten Vokal des Wortes, mit dem sie zusammengeschrieben wird. Bei vokalischem Auslaut wird in den 1. Personen der Füllkonsonant *y* eingefügt:

Öğretmen*im*.	Ich bin Lehrer.
Hasta*yız*.	Wir sind krank.
Üzgün*üm*.	Ich bin traurig.
Yorgun*uz*.	Wir sind müde.

3. Im übrigen treten alle phonetischen Gesetze in Kraft, die bei Anfügung von entsprechenden Suffixen zu beachten sind (siehe Seite 15 f.). Die *Kopula* kann auch an Nomen im *Lokativ* treten:

Bugün ev*deyim.*	Heute bin ich zu Hause.
Eve git, hasta*sın.*	Geh nach Hause, du bist krank!
Hava çok sıcak.	Das Wetter ist sehr heiß.
Çok mutlu*yuz.*	Wir sind sehr glücklich.
26 yaşında*sınız.*	Sie sind/ihr seid 26 Jahre alt.
Çocuklar hasta*(lar).*	Die Kinder sind krank.

4. Die Frage erfolgt mit der Fragepartikel *mi (mı, mü, mu)*, an die das Suffix angehängt wird:

Bugün evde *miyim?*	Bin ich heute zu Hause?
Hasta *mısın?*	Bist du krank?
Hava bugün sıcak *mı?*	Ist es (... das Wetter ...) heute heiß?
Çok mutlu *muyuz?*	Sind wir sehr glücklich?
Üzgün *müsünüz?*	Sind Sie/seid ihr traurig?
Onlar hasta(lar) *mı?*	Sind sie krank?

5. Die Verneinung des Hilfsverbs wird mit *değil* in der Verbindung mit dem Personalsuffix wiedergegeben, das wie bei der Fragepartikel angehängt wird:

Bugün evde *değilim.*	Heute bin ich nicht zu Hause.
Hasta *değilsin.*	Du bist nicht krank.
Hava bugün sıcak *değil.*	Heute ist es nicht heiß.
Mutlu *değiliz.*	Wir sind nicht glücklich.
Üzgün *değilsiniz.*	Ihr seid/Sie sind nicht traurig.
(Onlar) hasta *değiller.*	Sie sind nicht krank.

Asistan *değil miyim?*	Bin ich nicht Assistent(in)?
Evde *değil misin?*	Bist du nicht zu Hause?
Müdür *değil mi?*	Ist er/sie nicht Direktor?
Zengin *değil miyiz?*	Sind wir nicht reich?
Türk *değil misiniz?*	Sind Sie nicht Türke?
Çocuklar üzgün *değil(ler) mi?*	Sind die Kinder nicht traurig?

6. Wird ein Personalsuffix im Plural an ein Prädikatsnomen angehängt, so steht dieses normalerweise im Singular, da die Mehrzahl durch die Endung bereits deutlich gemacht wird: *öğretmeniz* (wir sind Lehrer), aber *öğretmenleriz* (wir sind lauter/alle Lehrer).

Die Kopula auf -dir

Die Endung *-dir*, die der großen Vokalharmonie unterliegt, ist ein Akzentuierungssuffix, das meist für die 3. Person gebraucht wird, aber auch für alle Personen angewandt werden kann.

nach	*e* oder *i*	*a* oder *ı*	*ö* oder *ü*	*o* oder *u*
o*	güzel*dir*	hasta*dır*	üzgün*dür*	memnun*dur*
onlar	güzel*dir*(ler)	hasta*dır*(lar)	üzgün*dür*ler	memnun*dur*(lar)
o	geniş*tir*	açık*tır*	Türk*tür*	boş*tur*
onlar	geniş*tir*(ler)	açık*tır*(lar)	Türk*tür*(ler)	boş*tur*(lar)
*er/sie ist	schön	krank	traurig	zufrieden

Merke: nach *f, p, ş, ç, k, h, s, t* wird das Suffix wieder zu *-tir, -tır, -tür, -tur.*

fragend	güzel *midir?*	hasta *mıdır*	üzgün *müdür?*	memnun *mudur*

verneint	güzel *değildir*	hasta *değildir*	üzgün *değildir*	memnun *değildir*

fragend	güzel	(hasta/üzgün/memnun)	*değil midir?*

verneint	güzel	(hasta/üzgün/memnun)	*değil midir(ler)?*

Gebrauch

Das Suffix *-dir* wird nur in ganz bestimmten Situationen angewandt:

1. bei Allgemeingültigkeit, Unabänderlichkeit

Ankara Türkiye'nin başkenti*dir*.	Ankara ist die Hauptstadt der Türkei.
İtalya'nın başkenti Roma'*dır*.	Italiens Hauptstadt ist Rom.
Yazın Antalya çok *sıcaktır*.	Antalya ist im Sommer sehr heiß.

2. bei Bekräftigung

Sigara içmek *yasaktır*.	Rauchen (ist) verboten.

3. bei Wahrscheinlichkeit, Möglichkeit, Hoffnung

Annem evde.	Meine Mutter ist zu Hause. (Die Äußerung ist wertungsfrei.)
Annem evde*dir*.	Meine Mutter ist (sicher/wohl/hoffentlich) zu Hause.

4. Als Ausdruck der Bekräftigung oder der Wahrscheinlichkeit tritt sie an alle Personalsuffixe:

Bu akşam herhalde evdey*imdir*.	Heute abend bin ich sicherlich zu Hause.
İnşallah afiyette*sinizdir*.	Hoffentlich seid Ihr/sind Sie wohlauf.

5. -*dir* mit dem Genitiv verbunden verstärkt die Aussage des Besitzes im Türkischen:

Bu kitap *benimdir*.	Dieses Buch gehört mir.
Bu kalem *sizin* mi*dir?*	Gehört dieser Bleistift Ihnen?
Hayır, bu kalem *ablamındır*.	Nein, dieser Bleistift gehört meiner Schwester.

6. -*dir* kann ebenfalls mit *var* und *yok* kombiniert werden und verstärkt damit die Aussage:

Derste dokuz kişi *vardır*.	Im Unterricht sind neun Personen.
Kütüphanede Almanca kitapları *yoktur*.	In der Bibliothek gibt es keine Deutschlehrbücher.

7. -*dir* kann auch an eine Reihe von Verbformen (*geldi* und *gelir* ausgenommen) angefügt werden und drückt wiederum eine starke Vermutung aus. In der Umgangssprache kann aber auch eine Aussage bestätigt werden:

Sular da akı*yordur* inşallah.	Das Wasser läuft doch hoffentlich.
Ali Münih'e *dönmüştür*.	Ali ist sicher nach München zurückgefahren.
İkizler ilk defa İstanbul'a gide*cektir*.	Die Zwillinge werden zum ersten Mal nach Istanbul fahren.
Partinize gel*eceğimdir*.	Ich werde wahrscheinlich zu eurem Fest kommen.
Yolcular trene geç kalma*malıdır*.	Die Reisenden dürfen nicht zu spät zum Zug kommen.

8. -*dir* in Verbindung mit den -*miş*-Formen der 1. und 2. Personen erhält Befehlscharakter:

Siz bu haberi duy*muşsunuzdur*.	Ihr müßt diese Nachricht vernommen haben./Ihr habt diese Nachricht sicherlich gehört.

9. Die Endung *-dir* kann auch als Erweiterung des verkürzten Infinitivs mit Possessivendung gebraucht werden:

Hakan'ın en iyi özelliği çalışkan
ol*masıdır*.

Die beste Eigenschaft Hakans ist,
daß er fleißig ist. (wörtlich: ... sein
Fleißig-Sein)

10. In der türkischen Amts- und Nachrichtensprache werden sehr häufig Verbformen in der 3. Person mit *-dir* ergänzt (*-mektedir* für die Gegenwart, *-miştir* für die Vergangenheit und *-ecektir* für die Zukunft) und bestätigen damit die Aussage (also keine Vermutung!):

Dinleyicilerimiz gümrük ile ilgili
sorular *sormaktadırlar*.

Unsere Hörer stellen Fragen im
Zusammenhang mit dem Zoll.
(wörtlich ... sind am Fragen stellen)

Ünlü yıldız Anatalya'da film
çevir*ecektir*.

Die berühmte Schauspielerin wird
in Antalya einen Film drehen.

Aksaray mahallesinde
oturmaktadırlar.

Sie wohnen im Stadtteil Aksaray.

Beachte: Das Suffix *-dir* ist nicht zu verwechseln mit dem gleichlautenden Suffix *-dir-* nach dem Wortstamm, das den Kausativ (siehe Seite 125) ausdrückt.

var **und** yok

Die Wörter *var* (es gibt, es ist vorhanden, es existiert) und *yok* (es gibt nicht, es ist nicht vorhanden, es existiert nicht) stehen wie jedes Prädikat im Türkischen meist am Satzende:

Bu akşam çorba *var* mı?
Bugün evde elma *yok*.

Gibt es heute abend Suppe?
Heute gibt es zu Hause keine
Äpfel.

İstanbul'da güzel camiler *var*.

In Istanbul gibt es schöne
Moscheen.

Bu dükkanda kitap *yok* ama,
gazete, dergi *var*.

In diesem Laden sind keine
Bücher vorhanden, aber Zeitungen und Zeitschriften sind da.

An *var* und *yok* können auch die Personalendungen in der Bedeutung von „existieren" treten (in der 3. Person selten).

var*ım* – yok*um*	ich bin vorhanden, ich existiere – ich bin nicht vorhanden, ich
Beachte:	mach' mit – ich mach' nicht mit.
var*ım* yoğ*um*	mein Hab und Gut

Das Türkische kennt kein eigenes Verb für „haben" und muß es daher umschreiben. Es gilt zu unterscheiden, ob das Objekt bestimmt oder unbestimmt ist:

– Bei Unbestimmtheit erhält der Gegenstand das Possessivsuffix des Besitzers und wird mit *var* oder *yok* verbunden:

Çocuğ*unuz var* mı?	Haben Sie ein Kind?
Bir kız*ımız var.*	Wir haben eine Tochter.
Para*m yok.*	Ich habe kein Geld.
Şimdi vakt*iniz var* mı?	Haben Sie jetzt Zeit?

– Bei näherer Bestimmung des Gegenstands durch Demonstrativ- oder Possessivpronomen oder Hervorhebung wird dessen Besitzer in den Lokativ gesetzt (wobei das momentane Vorhandensein im Vordergrund steht, also nicht der Besitz überhaupt):

Ben*de* kalem *yok.*	Ich habe keinen Bleistift (da). (Bei mir ist kein Bleistift.)
Sen*de var* mı acaba?	Hast du wohl einen (da)?

Das Subjekt eines deutschen „Haben-Satzes" mit unbestimmtem Objekt tritt im Türkischen in den Genitiv, wobei *haben* mit *var (yok)* ausgedrückt wird:

Babasının büyük bir çiftliğ*i var.*	Sein Vater hat einen großen Bauernhof. (Wörtlich: Ein großer Bauernhof seines Vaters ist vorhanden.)
Kedimizin iki yavru*su var.*	Unsere Katze hat zwei Junge.
Amcamın köy*ünde* küçük bir cami *var.*	Das Dorf meines Onkels hat (besitzt) eine kleine Moschee.

In der Vergangenheit werden *var* und *yok* zu var*dı*, yok*tu*, var*mış* und yok*muş*:

Dün bir futbol maçı var*dı.*	Gestern gab es ein Fußballspiel.
Bir var*mış*, bir yok*muş* …	Es war einmal … (Märchenbeginn)

Die Wendung *ne var ne yok* (Was gibt es Neues?, eigentlich: was gibt es, was gibt es nicht?) ist ein Idiomatismus.

Der Infinitiv

Das Türkische kennt zwei Infinitive, den Vollinfinitiv und den verkürzten Infinitiv.

Der Vollinfinitiv

Der türkische *Vollinfinitiv* hat zwei Formen: Nach der kleinen Vokalharmonie lautet die Endung nach hellen bzw. dunklen Vokalen im Stamm entweder *-mek* oder *-mak* und ist in dieser Form in Lexika zu finden. Er kann wie im Deutschen als Verbum und als Nomen verwendet werden. Als Nomen kann er dekliniert werden. Er kann aber weder im Genitiv noch im Plural stehen und keine Personalendungen annehmen.

	e oder *i*	*a* oder *ı*	*ö* oder *ü*	*o* oder *u*
Nominativ	git*mek*	al*mak*	gör*mek*	bul*mak*
Genitiv	–	–	–	–
Dativ	git*meğe**	al*mağa*	gör*meğe*	bul*mağa*
Akkusativ	git*meği**	al*mağı*	gör*meği*	bul*mağı*
Lokativ	git*mekte*	al*makta*	gör*mekte*	bul*makta*
Ablativ	git*mekten*	al*maktan*	gör*mekten*	bul*maktan*
	gehen	nehmen	sehen	finden

**Beachte:* Nach der neuesten Sprachregelung wurden diese beiden Formen durch den verkürzten Infinitiv (siehe Seite 93) ersetzt: git*meye* – git*meyi*. Die verneinte Form lautet: *gitmemek* (nicht gehen) – *almamak* (nicht nehmen).

> Gebrauch

1. In der Regel entspricht der türkische Infinitivsatz im *Nominativ* im Deutschen einem Infinitivsatz mit *zu*. Die deutsche Entsprechung in Verbindung mit der Notwendigkeitsform kann auch mit dem unbestimmten Subjekt *man* wiedergegeben werden. Das Verb *istemek* (wollen) hat den vollen Infinitiv als Objekt stets in der endungslosen Form vor sich.

Size bir şey *sormak* istiyorum.	Ich möchte euch etwas fragen.
Seni *görmek* için geldim.	Ich bin gekommen, um dich zu sehen.

İstanbul'a gidince müzeleri *gezmemek* olmuyor.	Wenn man nach Istanbul fährt, kommt man nicht umhin, die Museen zu besichtigen.
Hasta arkadaşımı ziyaret *etmemek* olmaz.	Es geht nicht, meinen kranken Freund nicht zu besuchen.
Mustafa Türkiye'ye *dönmek* istiyor.	Mustafa möchte in die Türkei zurückkehren.
Türkçe *öğrenmek* zor değil.	Türkisch zu lernen, ist nicht schwer.

2. Im *Dativ* drückt der Infinitiv die Absicht und den Zweck aus und wird mit „um … zu …" wiedergegeben. Außerdem kommt er in einer Reihe von festen Fügungen vor:

Sizi gör*meye* geldim.	Ich bin gekommen, um Sie zu sehen.
Ali postaneye telgraf çek*meye* gitti.	Ali ist zum Postamt gegangen, um ein Telegramm aufzugeben.
Sinemaya git*meye* vaktimiz (zamanımız) yok.	Wir haben keine Zeit, ins Kino zu gehen.
Süleymaniye'yi gez*meye* fırsat kalmadı.	Es blieb keine Gelegenheit, die Süleymaniye-Moschee zu besichtigen.
Bu filmi gör*meye* değer.	Es lohnt sich, diesen Film anzusehen.

3. Nach der neuesten türkischen Sprachregelung (1977) wird im Dativ wie im Akkusativ statt des Vollinfinitivs der verkürzte Infinitiv (siehe dort) auf *-me* oder *-ma* verwendet, also *gitmeye/gitmeyi* statt *gitmeğe/ gitmeği*, *almaya/almayı* anstelle von *almağa/almağı* usw. Trotzdem stößt man noch – nicht nur in alten Texten – auf diese Formen.

4. Der Vollinfinitiv im *Lokativ* steht häufig in der Amts- und Nachrichtensprache und ersetzt dann das bestimmte und unbestimmte Präsens. Im Sinne von „im Begriffe sein, etwas zu tun", steht es mit dem Hilfsverb *sein:*

| Mezuniyet tezimi yaz*maktayım*. | Ich bin dabei, meine Abschlußarbeit zu schreiben. |
| Eve git*mekte* serbestsin. | Es steht dir frei, nach Hause zu gehen. |

| Dolmuş şoförleri | Die Sammeltaxifahrer schreien |
| bağır*makta*dırlar. | (sind am Schreien). |

5. Die Gegenwart auf -*mekte* kann auch im Passiv verwendet werden:

Gömlekler yıka*nmakta*.	Die Hemden werden gewaschen.
	(wörtlich: Die Hemden sind beim
	Gewaschenwerden.)

6. Sie kann auch mit der Kopula -*dir* (-mektedir) und folgenden Zeit-bestimmungen erweitert werden: *idi* (mekte idi oder -mekteydi), *imiş* (mekte imiş oder -mekteymiş), *ise* (-mekte ise oder mekteyse), *iken* (mekte iken oder mekteyken), *olan* (mekte olan) und *olduğu* (mekte olduğu):

Ünlü profesör şu anda	Der berühmte Professor gibt
televizyonda bir demeç	soeben im Fernsehen eine
vermekte*dir*.	Stellungnahme ab.
Dinleyicilerimiz gümrük sorunu	Unsere Hörer stellten Fragen
ile ilgili sorular sormaktaydılar.	im Zusammenhang mit dem Zoll-
	problem (… waren am Fragen).
Çocuklar televizyonda bir	Die Kinder sind dabei,
film seyretmekte*ymiş*.	einen Film im Fernsehen anzu-
	sehen (wie man sagt).
Yemekte*y*seniz rahatsız etmeyelim.	Wenn Sie beim Essen sind, wollen
	wir nicht stören.

7. Im *Ablativ* steht der Vollinfinitiv in Verbindung mit einem den Ablativ regierenden Verb oder in festen Fügungen:

Cevap vermek*ten* vazgeçtik.	Wir haben darauf verzichtet, zu
	antworten.
Bugün kitap okumak*tan* başka	Heute habe ich nichts anderes
bir şey yapmadım.	getan, als ein Buch zu lesen.

8. Der Vollinfinitiv steht sehr häufig in Verbindung mit Postpositio-nen wie *için, üzere* oder mit *ile beraber* (im Sinne von „obwohl") oder in festen Fügungen:

Sizi görmek *için* geldim.	Ich bin gekommen, um Sie
	zu sehen.
Sana telefon etmek *üzere*ydim.	Ich war gerade dabei, dich anzu-
	rufen.

Yarın görüşmek *üzere*.	Bis morgen. (in der Hoffnung, daß wir uns morgen sehen; als Abschiedsgruß)
Hasta olmak*la beraber* okula gidiyorsunuz.	Obwohl ihr krank seid, geht ihr in die Schule.
Resmi kamp yerleri olmamak*la beraber*, kamp yapmak mümkündür.	Obwohl es keine offiziellen Campingplätze gibt, ist es möglich zu campen.

9. Der Vollinfinitiv kann keine vollgenitivische Verbindung eingehen, wohl aber eine kurzgenitivische (feste Substantivverbindung). Die häufigste Verwendung steht mit *niyetinde* (in der Absicht), *zorunda* bzw. *mecburiyetinde* (im Zwang, in der Notwendigkeit):

Ankara'ya gitmek *niyetinde*	in der Absicht, nach Ankara zu fahren
kamp yapmak *niyetinde*	in der Absicht, zu campen
pul toplamak *âdeti*	die Gepflogenheit des Briefmarkensammelns
Gitmek *zorunda (mecburiyetinde)* kaldım.	Ich habe gehen müssen.

Der verkürzte Infinitiv

Der *verkürzte Infinitiv* (oder Kurzinfinitiv) wird durch Weglassung des auslautenden -*k* gebildet. Er ist ein Nomen und wird als solches behandelt, d.h., er flektiert regelmäßig. Er nimmt Plural-, Genitiv- und Possessivsuffixe sowie den unbestimmten Artikel zu sich:

e oder *i*	*a* oder *ı*	*ö* oder *ü*	*o* oder *u*
gitme	alma	görme	bulma
gitme*nin*	alma*nın*	görme*nin*	bulma*nın*
gitme*ye*	alma*ya*	görme*ye*	bulma*ya*
gitme*yi*	alma*yı*	görme*yi*	bulma*yı*
gitme*de*	alma*da*	görme*de*	bulma*da*
gitme*den*	alma*dan*	görme*den*	bulma*dan*
das Gehen	das Nehmen	das Sehen	das Finden

Der verneinte Infinitiv lautet *gitmeme*. Die Betonung liegt auf -*me/-ma* im Gegensatz zum Imperativ, der die Betonung auf den Stamm legt (*gitmé* Gehen; *gítme!* geh nicht!)

Gebrauch

1. Der verkürzte Infinitiv, verbunden mit einer Possessivendung und *lazım, gerek* oder *gerekiyor,* steht für die gebräuchlichste Wiedergabe von *müssen:*

Git*mem* lazım.	Ich muß gehen. (wörtlich: Mein Gehen ist nötig.)
Doktora git*men* gerek.	Du mußt zum Arzt gehen.
Öğretmen özür dile*menizi* isteyecek.	Der Lehrer wird verlangen, daß ihr euch entschuldigt.

2. Häufig tritt er in einer losen Substantivverbindung (Genitivkonstruktion) mit dem Possessivsuffix versehen auf und drückt ein tatsächliches Geschehen oder ein Sollen aus:

Ali'*nin* Almanya'ya git*mesi* iyi oldu.	Es war gut, daß Ali nach Deutschland gegangen ist.
Türkçe öğren*memiz*den çok memnun.	Er ist zufrieden darüber, daß wir Türkisch lernen.

3. Der verkürzte Infinitiv kann auch mit Postpositionen (siehe dort) stehen:

Bu kitabı oku*man için* aldım.	Dieses Buch habe ich gekauft, damit du es liest.
Ablam hasta ol*masına rağmen* okula gitti.	Meine ältere Schwester ist zur Schule gegangen, obwohl sie krank ist.

Imperativ (Befehlsform)

Der Imperativ der 2. Person Singular ist identisch mit dem reinen Verbstamm:

gel komm! *al* nimm! *gül* lache! *koş* lauf!

2. Pers. Sg.	gel	al	gül	koş
3. Pers. Sg.	gelsin	alsın	gülsün	koşsun
2. Pers. Pl.	gelin	alın	gülün	koşun
	geliniz	alınız	gülünüz	koşunuz
3. Pers. Pl.	gelsinler	alsınlar	gülsünler	koşsunlar

verneint:

2. Pers. Sg.	gelme	alma	gülme	koşma
3. Pers. Sg.	gelmesin	almasın	gülmesin	koşmasun
2. Pers. Pl.	gelmeyin	almayın	gülmeyin	koşmayun
	gelmeyiniz	almayınız	gülmeyiniz	koşmayınız
3. Pers. Pl.	gelmesinler	almasınlar	gülmesinler	koşma-sınlar

In der 2. Person Plural gibt es zwei Möglichkeiten: die verkürzte *(-in, -ın, -ün, -un)* und die Höflichkeitsform *(-iniz, -ınız, ünüz, -unuz)*; unterliegen also der großen Vokalharmonie und brauchen bei vokalischem Stammauslaut den Füllkonsonanten *y*, der bei der verneinten Form in jedem Falle notwendig ist.

Die „Frageform" kann nur mit der 3. Person (Singular und Plural) gebildet werden:

gelsin mi?   **soll er kommen? kalsınlar mı? sollen sie bleiben?**

Die Betonung liegt jeweils auf der letzten Silbe des Stammes, bei den 3. Personen liegt sie auf *-sin*, auch im Plural!

Besonders nachhaltig kann der Imperativ durch Anfügung des zweiförmigen unbetonten Suffixes *-sene/-sana* für die 2. Person Singular und *-senize/-sanıza* für die 2. Person Plural ausgedrückt werden:

Gel*sene!*	Komm doch!
Söyle*sene!*	Nun sag (es) doch schon!
Kal*sanıza!*	Bleiben Sie doch noch!
Bakma*sanıza* böyle!	Nun schaut doch nicht so!

Gebrauch

1. Der Gebrauch des Imperativs entspricht dem im Deutschen.

Yarın bize *gel!*	Komm morgen zu uns!
Sokakta bekle*meyiniz,* içeriye gir*iniz!*	Warten Sie nicht auf der Straße, kommen Sie herein!
Ahmet evde kal*sın!*	Ahmet soll zu Hause bleiben!
Kendisi gel*sin mi?*	Soll er selbst kommen?

2. Der Imperativ kann natürlich auch von zusammengesetzten Verben gebildet werden, wobei der Befehl etwas milder und höflicher klingt:

Yemeği *pişiriverin!*	Kocht ihr mal bitte das Essen!
Bavulumu *tutuver!*	Hältst du mal bitte meinen Koffer!

3. In der Umgangssprache werden Imperative häufig von *bakalım* (eigentlich: wir wollen mal sehen) begleitet:

Gel otur bakalım!	Komm, setz dich mal!

4. Die 3. Personen des Imperativs können mit den Vergangenheitsformen *idi* und *imiş* kombiniert werden, wobei erstere häufig in Fragesätzen erscheint und letztere einen Befehl ausdrückt, den man vom Hörensagen weiß:

Annem, Ayşe'nin geldiğini nereden bil*sindi?*	Woher sollte meine Mutter wissen, daß Ayşe gekommen ist?
Arkadaşım dedi ki, Mehmet kendisine uğra*sınmış.*	Mein Freund hat gesagt, Mehmet soll bei ihm vorbeikommen!

TEMPUSBILDUNG DES VERBUMS

Das türkische Verb besteht aus einem ein- oder mehrsilbigen Stamm (der zugleich der Imperativ Singular ist), dem Zeitsuffix und dem Personalsuffix. Modi (Passiv, Reflexiv, Reziprokum, Kausativ u.a.) und Verneinung werden durch Erweiterungen des Stammes mit Suffixen, an die wiederum die Flexionssuffixe treten, wiedergegeben. Unregelmäßigkeiten wie bei den indoeuropäischen Sprachen kommen in der türkischen Sprachlehre nicht vor.

Durch Anhängung der Tempus- oder Zeitsuffixe an den Verbalstamm werden folgende Tempusstämme und ihre häufigsten Erweiterungen gebildet:

1.	Präsens	(gel-iyor)
2.	Aorist	(gel-ir)
3.	Futur	(gel-ecek)
4.	Perfekt	(gel-di)
	Imperfekt	(gel-iyordu)
	Vergangenheit des Aorist	(gel-irdi)
	Vergangenheit des Futur	(gel-ecekti)

5. Unbestimmtes Präteritum   (gel-miş)
    im Präsens   (gel-iyormuş)
    im Futur   (gel-ecekmiş)
    Plusquamperfekt   (gel-diydi)*
                                 (gel-mişti)
6. Notwendigkeitsform   (gel-meli)
7. Optativ   (gel-e)
8. Bedingungsform   (gel-se)
*Diese Form hat einen ländlichen Beigeschmack!

Jeder Tempusstamm stellt gleichzeitig die 3. Person Singular des betreffenden Tempus dar. Daran treten die Personalsuffixe für die übrigen Personen. Persönliche Fürwörter sind nicht nötig, können aber
zur Hervorhebung verwendet werden. Alle Konjugationen sind gleich.

Präsens

Im Türkischen gibt es zwei Formen für die Gegenwart: die *bestimmte,*
die die augenblicklich geschehende Handlung ausdrückt (*-yor*-Gegen-
wart), und die *unbestimmte,* die eine allgemeine Tatsache oder Ge-
wohnheit bezeichnet (Aorist).

Die yor-Gegenwart

Der Verbindungsvokal der *yor*-Gegenwart richtet sich gemäß der großen Vokalharmonie nach dem Vokal im Stamm des Verbums und ist
vierförmig. Das Tempussuffix ist stets betont.

e oder *i*	*a* oder *ı*	*ö* oder *ü*	*o* oder *u*
gelmek	yapmak	gülmek	bulmak
gel*iyo*rum*	yap*ıyo*rum*	gül*üyo*rum*	bul*uyo*rum*
gel*iyo*rsun	yap*ıyo*rsun	gül*üyo*rsun	bul*uyo*rsun
gel*iyo*r	yap*ıyo*r	gül*üyo*r	bul*uyo*r
gel*iyo*ruz	yap*ıyo*ruz	gül*üyo*ruz	bul*uyo*ruz
gel*iyo*rsunuz	yap*ıyo*rsunuz	gül*üyo*rsunuz	bul*uyo*rsunuz
gel*iyo*rlar	yap*ıyo*rlar	gül*üyo*rlar	bul*uyo*rlar
*ich komme	*ich mache	*ich lache	*ich finde

Bei vokalisch auslautenden Verbstämmen verliert der Stamm seinen
Auslautvokal zugunsten des Verbindungsvokals *i, ı, ü, u* an *-yor*:

e oder *i*	*a* oder *ı*	*ö* oder *ü*	*o* oder *u*
bekl*e*mek	anl*a*mak	söyl*e*mek	yoll*a*mak
bekl*iyo*rum*	anl*ıyo*rum*	söyl*üyo*rum*	yoll*uyo*rum*
bekl*iyo*rsun	anl*ıyo*rsun	söyl*üyo*rsun	yoll*uyo*rsun
bekl*iyo*r	anl*ıyo*r	söyl*üyo*r	yoll*uyo*r
bekl*iyo*ruz	anl*ıyo*ruz	söyl*üyo*ruz	yoll*uyo*ruz
bekl*iyo*rsunuz	anl*ıyo*rsunuz	söyl*üyo*rsunuz	yoll*uyo*rsunuz
bekl*iyo*rlar	anl*ıyo*rlar	söyl*üyo*rlar	yoll*uyo*rlar
*ich warte	*ich verstehe	*ich sage	*ich schicke

Beachte: Bei den drei auf *t* auslautenden Stämmen von *et-, git-* und *tat-*
wird bei Antritt einer vokalisch anlautenden Endung das *t* des Stammes zu *d* erweicht, also e*d*iyor (er/sie/es macht), gi*d*iyor (geht) und
ta*d*ıyor (schmeckt). Bei demek > *d*iyor (sagen) und yemek > *y*iyor
(essen) bleibt wegen ihres kurzen Stammes nur der Anfangskonsonant
erhalten.

Die *Negation* eines Verbs wird mittels der Verneinungspartikel *-me, -ma*
gebildet, die hinter den Verbalstamm tritt und in der *yor*-Gegenwart
wiederum ihren Vokal verliert, d.h., es wird nur *m* eingefügt. Die Betonung liegt auf dem engen Vokal vor *-yor*.

e oder *i*	*a* oder *ı*	*ö* oder *ü*	*o* oder *u*
git*miyo*rum*	al*mıyo*rum*	öv*müyo*rum*	otur*muyo*rum*
git*miyo*rsun	al*mıyo*rsun	öv*müyo*rsun	otur*muyo*rsun
git*miyo*r	al*mıyo*r	öv*müyo*r	otur*muyo*r
git*miyo*ruz	al*mıyo*ruz	öv*müyo*ruz	otur*muyo*ruz
git*miyo*rsunuz	al*mıyo*rsunuz	öv*müyo*rsunuz	otur*muyo*rsunuz
git*miyo*rlar	al*mıyo*rlar	öv*müyo*rlar	otur*muyo*rlar
*ich gehe nicht	*ich nehme nicht	*ich lobe nicht	*ich wohne nicht

Die *Frageform* wird durch Nachstellung der Fragepartikel *mi, mı, mü,
mu* hinter dem Tempussuffix gebildet. Die Fragepartikel wird von der
Verbalform getrennt geschrieben, aber mit der Personalendung verbunden, wobei die Betonung wieder auf dem Tempussuffix ruht. Bei
den 1. Personen wird jeweils der Füllkonsonant *y* eingeschoben:

gidiyor *muyum**	alıyor *muyum**	gülüyor *muyum**	uyuyor *muyum**
gidiyor *musun*	alıyor *musun*	gülüyor *musun*	uyuyor *musun*
gidiyor *mu*	alıyor *mu*	gülüyor *mu*	uyuyor *mu*
gidiyor *muyuz*	alıyor *muyuz*	gülüyor *muyuz*	uyuyor *muyuz*
gidiyor *musunuz*	alıyor *musunuz*	gülüyor *musunuz*	uyuyor *musunuz*
gidiyorlar *mı*	alıyorlar *mı*	gülüyorlar *mı*	uyuyorlar *mı*
*gehe ich?	*nehme ich?	*lache ich?	*schlafe ich?

Die verneinte Frage lautet analog:

git*mi*yor *muyum*	almıyor *muyum*	gül*mü*yor *muyum*	uyu*mu*yor *muyum*
gehe ich nicht?	nehme ich nicht?	lache ich nicht?	schlafe ich nicht?

Gebrauch

1. Das Präsens auf -*yor* bezeichnet in erster Linie ein aktuelles Geschehen, dessen Handlung in ihrem Verlauf veranschaulicht wird:

Ne yap*ıyor*sun?   Was machst du?
Mektup yaz*ıyor*um.   Ich schreibe einen Brief.

2. Das Präsens kann auch für eine noch nicht tatsächlich begonnene Handlung gebraucht werden, wenn sie bestimmt eintritt oder als im Gange befindlich dargestellt wird:

İmtihanlar tekrarlan*ıyor*.   Die Prüfungen werden wiederholt.
Babam saat sekizde eve dön*üyor*.   Mein Vater kehrt um 8 Uhr nach Hause zurück.

3. Eine Verwendung des Präsens (wie im Deutschen) für eine in der Zukunft stattfindende Handlung ist möglich, aber in guter Sprache ungebräuchlich:

Bu yaz Türkiye'ye gidiyoruz.   Diesen Sommer fahren wir in die Türkei.

Der Aorist (r-Gegenwart)

Der Aorist, auch das unbestimmte Präsens genannt, ist eine Zeitform, die im Deutschen nicht vorhanden ist und meist durch das Präsens wiedergegeben wird. Er hat einen weiten Anwendungsbereich und veranschaulicht ein Geschehen als Zustand, ohne auf seine Verwirklichung konkret hinzuweisen.

Der Aorist wird gebildet:

– durch das Tempussuffix -*r* nach Verbalstämmen mit vokalischem Auslaut:

istemek	iste*r*	er fordert
anlamak	anla*r*	er versteht
yürümek	yürü*r*	er marschiert
okumak	oku*r*	er liest

– bei zwei- oder mehrsilbigen Stämmen, die auf Konsonant auslauten, durch -*ir*, -*ır*, -*ür*, -*ur* (nach der großen Vokalharmonie):

göstermek	göster*ir*	er zeigt
anlatmak	anlat*ır*	er erzählt
götürmek	götür*ür*	er bringt
oturmak	otur*ur*	er wohnt

– bei einsilbigen Verbalstämmen mit konsonantischem Auslaut durch -*ar* oder -*er* nach der kleinen Vokalharmonie:

bakmak	bak*ar*	er schaut
çalmak	çal*ar*	er spielt
gülmek	gül*er*	er lacht
içmek	iç*er*	er trinkt
kırmak	kır*ar*	er zerbricht
korkmak	kork*ar*	er fürchtet
sormak	sor*ar*	er fragt

Beachte: gitmek und *etmek* werden zu *gider* und *eder*!

– durch Ausnahmen bei den folgenden Verben:

almak	al*ır*	nehmen, holen
bilmek	bil*ir*	wissen
bulmak	bul*ur*	finden

durmak	durur	stehen, halten
gelmek	gelir	kommen
görmek	görür	sehen
kalmak	kalır	bleiben
olmak	olur	werden, sein
ölmek	ölür	sterben
sanmak	sanır	glauben, vermuten
varmak	varır	ankommen
vermek	verir	geben
vurmak	vurur	schlagen

– bei den Passivformen:

denmek	denir	gesagt werden
konmak	konur	gesetzt, gestellt werden
yenmek	yenir	gegessen werden

Die Konjugation im Aorist lautet bei vokalisch auslautenden Stämmen:

istemek	anlamak	yürümek	okumak
isterim*	anlarım*	yürürüm*	okurum*
istersin	anlarsın	yürürsün	okursun
ister	anlar	yürür	okur
isteriz	anlarız	yürürüz	okuruz
istersiniz	anlarsınız	yürürsünüz	okursunuz
isterler	anlarlar	yürürler	okurlar
*ich will/ möchte	*ich verstehe	*ich marschiere	*ich lese/studiere

Konsonantisch auslautende einsilbige Stämme im Aorist mit Bindevokal e, a:

gitmek	yazmak	dönmek	koşmak
giderim*	yazarım*	dönerim*	koşarım*
gidersin	yazarsın	dönersin	koşarsın
gider	yazar	döner	koşar
gideriz	yazarız	döneriz	koşarız
gidersiniz	yazarsınız	dönersiniz	koşarsınız
giderler	yazarlar	dönerler	koşarlar
*ich gehe/ fahre	*ich schreibe	*ich kehre zurück	*ich laufe

Konsonantisch auslautende mehrsilbige Stämme mit Bindevokal *i, ı, ü, u:*

göstermek	anlatmak	düşünmek	konuşmak
göster*ir*im*	anlat*ır*ım*	düşün*ür*üm*	konuş*ur*um*
göster*ir*sin	anlat*ır*sın	düşün*ür*sün	konuş*ur*sun
göster*ir*	anlat*ır*	düşün*ür*	konuş*ur*
göster*ir*iz	anlat*ır*ız	düşün*ür*üz	konuş*ur*uz
göster*ir*siniz	anlat*ır*sınız	düşün*ür*sünüz	konuş*ur*sunuz
göster*ir*ler	anlat*ır*lar	düşün*ür*ler	konuş*ur*lar
*ich zeige	*ich erkläre	*ich denke	*ich spreche

Die Betonung liegt auf dem Tempussuffix.

Bei der *Verneinung* des Aorists tritt anstelle von *r* ein *z* an -*me,* -*ma,* also -*mez* oder -*maz.* Bei den 1. Personen entfällt das *z,* für die 1. Person Singular lautet die Endung -*mem* oder -*mam,* bei der 1. Person Plural wird der Füllkonsonant *y* eingefügt -*meyiz* oder -*mayız.* Die Verneinungssilbe ist im Aorist stets betont.

gelmek	kalmak	görmek	okumak
gel*mem**	kal*mam**	gör*mem**	oku*mam**
gel*mez*sin	kal*maz*sın	gör*mez*sin	oku*maz*sın
gel*mez*	kal*maz*	gör*mez*	oku*maz*
gel*meyiz*	kal*mayız*	gör*meyiz*	oku*mayız*
gel*mez*siniz	kal*maz*sınız	gör*mez*siniz	oku*maz*sınız
gel*mez*ler	kal*maz*lar	gör*mez*ler	oku*maz*lar
*ich komme nicht	*ich bleibe nicht	*ich sehe nicht	*ich lese nicht

Die *Frageform* lautet für alle Personen wie in der 3. Person Singular plus Fragepartikel mit Personalendung, bei der 3. Person Plural wird -*ler,* -*lar* direkt an den Aoriststamm angehängt:

gelir *miyim**	kalır *mıyım**	görür *müyüm**	okur *muyum**
gelir *misin*	kalır *mısın*	görür *müsün*	okur *musun*
gelir *mi*	kalır *mı*	görür *mü*	okur *mu*
gelir *miyiz*	kalır *mıyız*	görür *müyüz*	okur *muyuz*
gelir *misiniz*	kalır *mısınız*	görür *müsünüz*	okur *musunuz*
gelirler *mi*	kalırlar *mı*	görürler *mi*	okurlar *mı*
*komme ich?	*bleibe ich?	*sehe ich?	*lese ich?

Die *verneinende Frage* wird mit der verneinten Form der 3. Person Singular und mit der Fragepartikel plus Personalendung gebildet, wobei die Betonung auf der Verneinungssilbe *(-mez, -maz)* liegt:

gel*mez miyim*	kal*maz mıyım*	gör*mez miyim* oku*maz mıyım* usw.
komme ich nicht?	bleibe ich nicht?	sehe ich nicht? lese ich nicht?

Gebrauch

Der Aorist findet in folgenden Bereichen Anwendung:

1. Bei Allgemeingültigkeit: Allgemein bekannte Tatsachen, wissenschaftliche Abhandlungen und Lehrbücher, kurze anekdotenhafte Texte oder Sprichwörter stehen in der Zeitform des Aorist:

Balık suda yaş*ar*.	Der Fisch lebt im Wasser.
Sora sora Kabe bulun*ur*.	Durch Fragen findet man die Kaaba.

2. Zur Wiedergabe von regelmäßigen Handlungen, Fähigkeiten und Gewohnheiten, die zeitlich nicht festgelegt sind:

Ali okula gid*er*.	Ali geht zur Schule (regelmäßige Handlung, d.h. er ist Schüler).
Çok sigara iç*er*.	Er raucht viel (Gewohnheit; er pflegt etwas regelmäßig zu tun).
Rakı sev*mez*.	Er mag Raki nicht (Gewohnheit).
Türkçe konuş*ur*.	Er spricht Türkisch (Fähigkeit, er kann Türkisch sprechen).

3. Bei Äußerung einer Absicht, einer Vermutung, eines Versprechens oder einer Hoffnung, etwas in der Zukunft Liegendes:

Afiyette olduğunuzu um*arım*.	Ich hoffe, daß Sie bei Gesundheit sind.
Yarın Gülay bize uğr*ar*.	Morgen kommt Gülay bei uns vorbei.
İstanbul'da dört hafta kal*ırız*.	Wir bleiben vier Wochen in Istanbul.

4. Bei Begriffen wie Dank, Bitte, Entschuldigung wird der Aorist als höfliche Ausdrucksform mit konjunktivischer Färbung gebraucht:

Size şimdiden çok teşekkür ed*er*im.	Ich möchte Ihnen schon jetzt vielmals danken.
Affed*er*siniz!	Verzeihen Sie!
Lütfen, bana yardım edebil*ir* misiniz?	Können Sie mir bitte helfen?
Ne iç*er*siniz?	Was möchten Sie trinken?

5. Die Frageform drückt häufig eine Bitte aus:

Bana bir sigara ver*ir* misiniz?	Würden Sie mir eine Zigarette geben?
Bize hangi yemeği tavsiye ed*er*siniz?	Welche Speise würden Sie uns empfehlen?

6. Als höflicher Befehl wird der Aorist häufig verwendet:

Lütfen, pencereyi aç*ar* mısınız?	Würden Sie bitte das Fenster öffnen?

7. Zum Ausdruck von Erlaubnis bzw. Verboten (meist passivisch):

Bu su içil*ir*.	Dieses Wasser kann getrunken werden.
Bu su içil*mez*.	Dieses Wasser darf nicht getrunken werden.
Giril*mez*.	Eintritt verboten.

8. Im Nachsatz zu Konditionalsätzen (siehe dort!).

Merke:

yazar bedeutet:	er schreibt überhaupt (z.B. als Schriftsteller), er pflegt zu schreiben, er kann schreiben, er wird schreiben
yazıyor dagegen:	er schreibt augenblicklich

Futur

Das Futur wird durch Anhängung des Tempussuffixes *-ecek* oder *-acak*
(nach vokalischem Auslaut *-yecek, -yacak*) an den Verbstamm nach der
kleinen Vokalharmonie gebildet:

gel*ecek*	er wird kommen
al*acak*	er wird nehmen
gör*ecek*	er wird sehen
bul*acak*	er wird finden

nach vokalischem Stammauslaut:

bekle*yecek*	er wird warten
anla*yacak*	er wird verstehen
yürü*yecek*	er wird spazieren
oku*yacak*	er wird lesen

Bei der *Konjugation* des Futurs liegt die Betonung auf dem Tempussuffix. Bei Anfügung der Personalsuffixe der 1. Personen wird das auslautende *-k* des Tempussuffixes zu *-ğ* erweicht:

gelmek	almak	görmek	bulmak
gel*eceğim**	al*acağım**	gör*eceğim**	bul*acağım**
gel*ecek*sin	al*acak*sın	gör*ecek*sin	bul*acak*sın
gel*ecek*	al*acak*	gör*ecek*	bul*acak*
gel*eceğiz*	al*acağız*	gör*eceğiz*	bul*acağız*
gel*ecek*siniz	al*acak*sınız	gör*ecek*siniz	bul*acak*sınız
gel*ecek*ler	al*acak*lar	gör*ecek*ler	bul*acak*lar
*ich werde kommen	*nehmen	*sehen	*finden

Bei vokalisch auslautendem Verbstamm mit Füllkonsonant *-y-* lautet
die Konjugation:

bekle*yeceğim*	anla*yacağım*	yürü*yeceğim*	oku*yacağım*
bekle*yecek*sin	anla*yacak*sın	yürü*yecek*sin	oku*yacak*sın usw.

Die *verneinende Form* lautet gemäß der kleinen Vokalharmonie:

gel*meyeceğim**	al*mayacağım**	gör*meyeceğim**	bul*mayacağım**
gel*meyecek*sin	al*mayacak*sın	gör*meyecek*sin	bul*mayacak*sın
gel*meyecek*	al*mayacak*	gör*meyecek*	bul*mayacak*
gel*meyeceğiz*	al*mayacağız*	gör*meyeceğiz*	bul*mayacağız*

gel*meyecek*siniz	al*mayacak*sınız	gör*meyecek-*siniz	bul*mayacak*sınız
gel*meyecek*ler	al*mayacak*lar	gör*meyecek*ler	bul*mayacak*lar
*ich werde nicht kommen	*nehmen	*sehen	*finden

Die Betonung liegt auf dem Stamm, also auf der ersten Silbe.

Beachte: Bei den verneinten Formen wird der Vokal beim Verneinungssuffix *i* statt *e* und *ı* statt *a* gesprochen (gelm*i*yecek und alm*ı*yacak) aber niemals so geschrieben!

Die *Frageform* setzt die Betonung auf das Futursuffix und lautet:

gelecek *miyim**	alacak *mıyım**	görecek *miyim**	bulacak *mıyım miyim**
gelecek *misin*	alacak *mısın*	görecek *misin*	bulacak *mısın*
gelecek *mi*	alacak *mı*	görecek *mi*	bulacak *mı*
gelecek *miyiz*	alacak *mıyız*	görecek *miyiz*	bulacak *mıyız*
gelecek *misiniz*	alacak *mısınız*	görecek *misiniz*	bulacak *mısınız*
gelecekler *mi*	alacaklar *mı*	görecekler *mi*	bulacaklar *mı*
*werde ich kommen	*nehmen	*sehen	*finden

Analog hierzu lautet die *verneinende Frage* mit Betonung wieder auf der ersten Silbe:

gel*me*yecek *miyim*	al*ma*yacak *mıyım*	gör*me*yecek *miyim*	bul*ma*yacak *mıyım*
werde ich nicht kommen?	nicht nehmen	nicht sehen	nicht finden

---

Gebrauch

1. Das Futur wird für in der Zukunft liegende oder geplante Ereignisse verwendet. Eine Ersetzung durch die Gegenwart (wie etwa im Deutschen), besonders wenn ein die Zukunft anzeigendes Adverb im Satz enthalten ist, ist im allgemeinen unzulässig, begegnet einem jedoch in der gesprochenen Sprache.

Vapurumuz yarın İzmir'e *varacak.*   Unser Schiff wird morgen in Izmir ankommen.

Öğleden sonra çarşıya *gidecek misin?*	Wirst du heute nachmittag zum Markt gehen?
Yarın Berlin'e gidiyorum/ *gideceğim.*	Morgen fahre ich nach Berlin.

2. Das Futur steht im Türkischen auch für unsere modalen Hilfsverben „müssen, sollen, wollen":

Seni bekle*yecek miyim?*	Soll/muß ich auf dich warten?
Reçete yazma*yacak mısınız?*	Werden/wollen Sie (mir) kein Rezept schreiben?
Bu filmi gör*ecek miyim?*	Soll ich mir diesen Film ansehen?
Mutlaka gör*eceksin!*	Du mußt ihn unbedingt sehen!

3. Das Futur kann auch einen abgemilderten Befehl in den zweiten Personen ausdrücken:

Çalma*yacak*sın!	Du sollst nicht stehlen!
Kitapları otele gönder*eceksiniz!*	Schicken Sie mir (doch) die Bücher ins Hotel!

4. Das Futur des Hilfsverbs *sein* sowie für *var* (es gibt) und *yok* (es gibt nicht) lautet *olacak* bzw. *olmayacak*:

Yarın İstanbul'da *olacağım.*	Ich werde morgen in Istanbul sein.
Araban *olacak.*	Du wirst ein Auto haben.
Bu akşam kar *olmayacak.*	Heute abend wird es keinen Schnee geben.

5. An das Futursuffix kann auch bei den 3. Personen die Kopula *-dir* angehängt werden und damit eine Befehlsnuance annehmen, die künftige Ereignisse entschieden voraussagt:

Ülkemiz bütün devletlerden daha zengin *olacaktır.*	Unser Land wird reicher sein als alle anderen Staaten!

6. Das Futursuffix dient außerdem als Partizip und als Verbalnomen (siehe Seiten 132 ff. und 168 ff.).

Perfekt (bestimmte Vergangenheit)

Die bestimmte Vergangenheit entspricht dem Perfekt und Präteritum.

Vergangenheitsformen des Hilfsverbs sein (-idi + Personalendungen)

Sie lauten in Verbindung mit einem Nomen oder Adjektiv und dem Personalsuffix:

hekim *idim**	hekim*dim*	işçi *idim**	işçiy*dim*	iyiy*dim**
hekim *idin*	hekim*din*	işçi *idin*	işçiy*din*	iyiy*din*
hekim *idi*	hekim*di*	işçi *idi*	işçiy*di*	iyiy*di*
hekim *idik*	hekim*dik*	işçi *idik*	işçiy*dik*	iyiy*dik*
hekim *idiniz*	hekim*diniz*	işçi *idiniz*	işçiy*diniz*	iyiy*diniz*
hekim *idiler*	hekim*diler*	işçi *idiler*	işçiy*diler*	iyiy*diler*
*ich war Arzt/Ärztin		*ich war Arbeiter		*ich war gesund

Diese Formen können mit dem Bezugswort zusammengeschrieben werden, verlieren aber nach

– *konsonantischem* Auslaut des vorangehenden Wortes ihren ersten Vokal oder verwandeln nach

– *vokalischem* Auslaut ihren ersten Vokal *i* in den Füllkonsonanten *y*.

Die verbundene Variante dient zur stärkeren Hervorhebung des Bezugswortes. Bei Anfügung unterliegt die Endung der großen Vokalharmonie, und nach *f, p, ş, ç, k, h, s, t* wird *d* zu *t* erhärtet:

e oder *i*	*a* oder *ı*	*ö* oder *ü*	*o* oder *u*
güzel*dim**	hasta*ydım**	üzgün*düm**	boş*tum**
güzel*din*	hasta*ydın*	üzgün*dün*	boş*tun*
güzel*di*	hasta*ydı*	üzgün*dü*	boş*tu*
güzel*dik*	hasta*ydık*	üzgün*dük*	boş*tuk*
güzel*diniz*	hasta*ydınız*	üzgün*dünüz*	boş*tunuz*
güzel*diler*	hasta*ydılar*	üzgün*düler*	boş*tular*
güzeller*di*	hasta*lardı*	üzgünler*di*	boşlar*dı*
*ich war schön	*ich war krank	*ich war traurig	*ich war frei

Beachte: Die Endung der 1. Person Plural lautet auf *k (dik)* und nicht wie sonst auf *z (iz)* aus!

Die *Negation* erfolgt mit *değil:*

güzel	(hasta/üzgün/boş)	*değildim*	(oder: *değil idim*)
güzel		*değildin*	usw.
güzel		*değildi*	
güzel		*değildik*	
güzel		*değildiniz*	
güzel		*değildiler*	
		değillerdi	

Frageform:

güzel *miydim?*	hasta *mıydım?*	üzgün *müydüm?*	boş *muydum?*
(oder: *mi idim*)	(oder: *mı idim*)	(oder: *mü idim*)	(oder: *mu idim*)
			usw.

Verneinende Frage:

güzel	(hasta/üzgün/boş)	*değil miydim?*
		(oder: *değil mi idim?*)

Vergangenheitsformen des Verbums

Das Perfekt wird durch vierförmige Suffixe nach der großen Vokalharmonie gebildet:

e oder *i*	*a* oder *ı*	*ö* oder *ü*	*o* oder *u*
gel*dim**	yaz*dım**	yürü*düm**	oku*dum**
gel*din*	yaz*dın*	yürü*dün*	oku*dun*
gel*di*	yaz*dı*	yürü*dü*	oku*du*
gel*dik*	yaz*dık*	yürü*dük*	oku*duk*
gel*diniz*	yaz*dınız*	yürü*dünüz*	oku*dunuz*
gel*diler*	yaz*dılar*	yürü*düler*	oku*dular*
*ich bin	*ich habe	*ich bin	*ich habe
gekommen	geschrieben	spaziert	gelesen

Auf *f, p, ş, ç, k, h, s, t* auslautende Verbstämme:

e oder *i*	*a* oder *ı*	*ö* oder *ü*	*o* oder *u*
git*tim**	yap*tım**	ölç*tüm**	koş*tum**
git*tin*	yap*tın*	ölç*tün*	koş*tun*
git*ti*	yap*tı*	ölç*tü*	koş*tu*

gittik	yaptık	ölçtük	koştuk
gittiniz	yaptınız	ölçtünüz	koştunuz
gittiler	yaptılar	ölçtüler	koştular
*ich bin gegangen/gefahren	*ich habe gemacht	*ich habe gemessen	*ich bin gelaufen

Die *Negation* des Perfekts lautet der kleinen Vokalharmonie unterliegend auf *-me-* oder *-ma-* und erscheint damit nur zweifach, d.h., ein Konsonantenwechsel muß nicht stattfinden:

e oder *i*	*a* oder *ı*	*ö* oder *ü*	*o* oder *u*
gelmedim*	yapmadım*	yürümedim*	koşmadım*
gelmedin	yapmadın	yürümedin	koşmadın
gelmedi	yapmadı	yürümedi	koşmadı
gelmedik	yapmadık	yürümedik	koşmadık
gelmediniz	yapmadınız	yürümediniz	koşmadınız
gelmediler	yapmadılar	yürümedeler	koşmadılar
*ich bin nicht gekommen	*ich habe nicht gemacht	*ich bin nicht marschiert	*ich bin nicht gelaufen

Die *Frageform* des Perfekts setzt nur die Fragepartikel nach, da das *di*-Suffix nicht von dem Personalsuffix getrennt werden kann:

geldim *mi?*	yaptım *mı?*	yürüdüm *mü?*	koştum *mu?*
bin ich gekommen?	habe ich gemacht?	bin ich spaziert?	bin ich gelaufen?

Die *verneinende Frage* lautet:

gelmedim *mi?*	yapmadım *mı?*	yürümedim *mi?*	koşmadım *mı?*
bin ich nicht gekommen?	habe ich nicht gemacht?	bin ich nicht spaziert?	bin ich nicht gelaufen?

Gebrauch

Das *Perfekt* ist die erzählende Zeit schlechthin und veranschaulicht ein Geschehen als *abgelaufene Handlung*, die man vor Augen hat (im Gegensatz zur *-miş*-Vergangenheit, die das Geschehen als Zustand bzw. als nachträglich Festgestelltes oder Mitgeteiltes betrachtet, siehe dort!):

Annem geldi.	Meine Mutter ist gekommen.*
Dün hasta olduğumdan	Ich konnte gestern nicht kommen,
gelemedim.	da ich krank war.

Beachte: Der Satz kann auch, wenn es das Deutsche erfordert, mit: „Meine Mutter kam" übersetzt werden. Das „Kommen" wird als wirklicher Verlauf des Geschehens dargestellt.

Imperfekt

Vergangenheit der Gegenwart (-yordu)

Die Gegenwartsform auf *-yor* kann mit der Vergangenheit auf *-di* kombiniert werden zu *-yordu* (oder *-yor idi*). Sie wird regelmäßig konjugiert, wobei die Betonung in der positiven Form auf dem Tempussuffix liegt, bei den negativen Formen auf dem Stamm.

Der *Imperfekt* dient zum Ausdruck von in der Vergangenheit vor sich gehenden Handlungen, über deren Vollendung nichts ausgesagt wird.

Ne *diyordum?*	Was sagte ich eben?
Mektup aldığınızı *söylüyordunuz.*	Sie sagten (gerade), daß Sie einen Brief erhalten haben.
Sen geldiğin zaman Ali Bey'e telefon *ediyordum.*	Als du kamst, telefonierte ich (gerade) mit Herrn Ali.

Vergangenheit des Aorists (-rdi)

Ebenso wie beim Imperfekt kann *-di* mit dem Aorist kombiniert und regelmäßig konjugiert werden. Die Form dient zur Wiedergabe von unbegrenzt gedachten Handlungen, Fähigkeiten oder Gewohnheiten in der Vergangenheit:

O zaman işçi olarak *çalışırdım.*	Damals war ich als Arbeiter tätig.
Hocamız iyi Almanca *konuşurdu.*	Unser Lehrer sprach gut deutsch.
O zaman çok *gülerdik.*	Damals pflegten wir viel zu lachen.

Vergangenheit der Zukunft (-ecekti)

Das Tempussuffix der Zukunft kann ebenfalls mit dem des Perfekts in verbundener oder unverbundener Form kombiniert werden und gibt einen Sachverhalt wieder, den man im Deutschen mit „sollte, wollte, müßte" oder auch „hätte" umschreiben muß.

gelecektim (gelecek idim)   ich hätte kommen sollen

Die Konjugation erfolgt wieder regelmäßig und trägt die Betonung bei den positiven Formen auf dem Tempussuffix und bei den negativen auf dem Stamm:

gelecéktim   gélmeyecektim
gelecék miydim?   gélmeyecek miydim?

Die *-ecekti*-Form wird häufig im Nachsatz zu einem irrealen Bedingungssatz gebraucht und drückt die Folge aus, die nach einem Irrealsatz als Tatsache eingetreten wäre:

Vaktinde gelseydin konsere   Wenn du rechtzeitig gekommen
gid*ecektik.*   wärst, wären wir ins Konzert
                                   gegangen.
Üzerimde para olmamış   Was hättet Ihr gemacht, wenn ich
olsaydı ne yap*acaktınız?*   kein Geld bei mir gehabt hätte?

Unbestimmtes Präteritum (*-miş*-Vergangenheit)

Neben der bestimmten Vergangenheit (auf *-di*) besitzt das Türkische auch eine unbestimmte Form auf *-miş*, die – wieder der großen Vokalharmonie entsprechend – vierförmig ist.

Die unbestimmte Vergangenheit des Hilfsverbs sein (-imiş)

Sie lautet in Verbindung mit einem Nomen oder Adjektiv und dem Personalsuffix:

hekim *imişim**	hekim*mişim*	hasta *imişim*	hastaymışım
hekim *imişsin*	hekim*mişsin*	hasta *imişsin*	hastaymışsın
hekim *imiş*	hekim*miş*	hasta *imiş*	hastaymış
hekim *imişiz*	hekim*mişiz*	hasta *imişiz*	hastaymışız
hekim *imişsiniz*	hekim*mişsiniz*	hasta *imişsiniz*	hastaymışsınz
hekim *imişler*	hekim*mişler*	hasta *imişler*	hastaymışlar

*ich war/soll Arzt/Ärztin bzw. krank gewesen sein usw.

Die unbestimmten Vergangenheitsformen können mit dem vorangehenden Wort verbunden werden, verlieren aber nach

- *konsonantischem* Auslaut ihren ersten Vokal

oder verwandeln nach

- *vokalischem* Auslaut ihren ersten Vokal in den Füllkonsonanten *y*.

Die unverbundene Form dient der Hervorhebung, die verbundene
Variante wird häufiger gebraucht. Die Endung unterliegt dann wieder
der großen Vokalharmonie:

e oder *i*	*a* oder *ı*	*ö* oder *ü*	*o* oder *u*
zengin*miş*im*	hastay*mış*ım*	üzgün*müş*üm*	memnun*muş*um*
zengin*miş*sin	hastay*mış*sın	üzgün*müş*sün	memnun*muş*sun
zengin*miş*	hastay*mış*	üzgün*müş*	memnun*muş*
zengin*miş*iz	hastay*mış*ız	üzgün*müş*üz	memnun*muş*uz
zengin*miş*siniz	hastay*mış*sınız	üzgün*müş*sünüz	memnun*muş*-sunuz
zengin*miş*ler	hastay*mış*lar	üzgün*müş*ler	memnun*muş*lar
zeginler*miş*	hastalar*mış*	üzgünler*miş*	memnunlar*mış*

*Ich war/soll reich (krank/traurig/zufrieden) sein oder gewesen sein.

Die unbestimmte Vergangenheit des Verbums am Stamm

Sie wird durch Anhängung von *-miş*, *-mış*, *-müş* und *-muş* gebildet und
lautet nach:

e oder *i*	*a* oder *ı*	*ö* oder *ü*	*o* oder *u*
gel*miş*im*	yaz*mış*ım*	gül*müş*üm*	oku*muş*um*
gel*miş*sin	yaz*mış*sın	gül*müş*sün	oku*muş*sun
gel*miş*	yaz*mış*	gül*müş*	oku*muş*
gel*miş*iz	yaz*mış*ız	gül*müş*üz	oku*muş*uz
gel*miş*siniz	yaz*mış*sınız	gül*müş*sünüz	oku*muş*sunuz
gel*miş*ler	yaz*mış*lar	gül*müş*ler	oku*muş*lar

*Ich bin/soll gekommen sein (geschrieben/gelacht/gelesen haben).

Verneinung:

e oder *i*	*a* oder *ı*	*ö* oder *ü*	*o* oder *u*
gel*me*mişim*	yaz*ma*mışım*	gül*me*mişim*	oku*ma*mışım*
gel*me*mişsin	yaz*ma*mışsın	gül*me*mişsin	oku*ma*mışsın
gel*me*miş	yaz*ma*mış	gül*me*miş	oku*ma*mış
gel*me*mişiz	yaz*ma*mışız	gül*me*mişiz	oku*ma*mışız
gel*me*mişsiniz	yaz*ma*mışsınız	gül*me*mişsiniz	oku*ma*mışsınız
gel*me*mişler	yaz*ma*mışslar	gül*me*mişler	oku*ma*mışlar

*Ich bin/soll nicht gekommen sein (geschrieben/gelacht/gelesen haben).

Frage:

gelmiş *mi*yim?	yazmış *mı*yım?	gülmüş *mü*yüm?	okumuş *mu*yum?

Soll ich gekommen sein (geschrieben/gelacht/gelesen haben)?

Die verneinende Frage lautet:

gel*me*miş *mi*yim?	yaz*ma*mış *mı*yım?	gül*me*miş *mi*yim?	oku*ma*muş *mu*yum?

Soll ich nicht gekommen sein (geschrieben/gelacht/gelesen haben)?

Gebrauch

Die Vergangenheit auf *-miş* gibt das Ereignis eines Geschehens als Zustand wieder. Dies kann im Deutschen entweder gar nicht oder nur durch Zusätze wiedergegeben werden. Sie dient:

1. zur Wiedergabe von Aussagen, die nicht selbst Gesehenes, sondern aus zweiter Hand Gehörtes beinhalten und denen man, „wie es heißt", hinzufügen könnte:

Arkadaşımın babası zengin*miş*.	Der Vater meines Freundes ist reich.
Londra'da grev var*mış*.	In London herrscht (gibt es) Streik.

2. zur Wiedergabe von Gerüchten oder fremden Behauptungen usw.:

Ankara'da yeni bir gazete çık*mış*.	In Ankara soll eine neue Zeitung erschienen sein.

Hekim*mişim*.   Ich soll Arzt gewesen sein.
Öğretmen olarak çalış*mışsın*.   Du sollst als Lehrer gearbeitet
                                       haben.

3. zur Darstellung von nicht selbst (bewußt) Erlebtem oder Gesehe-
nem, sondern als Schlußfolgerung sichtbarer Wirkungen oder aus spä-
terer Sachlage als sicher Angenommenem:

Yalova vapuru kalk*mış*.   Das Schiff nach Yalova ist abgefah-
                                     ren. (Nachträgliche Feststellung)
Vapuru gör*müşüm*, ama hiç   Ich soll das Schiff gesehen haben,
fark etme*mişim*.   aber ich habe es überhaupt nicht
                                     bemerkt.
Bavulu yanlışlıkla al*mışım*.   Ich habe den Koffer aus Versehen
                                     genommen.
Bu gece kar yağ*mış*.   Heute Nacht hat es wohl geschneit.

4. zur Wiedergabe an sich zeitloser Aussagen in der Vergangenheit,
die bildlich geschildert werden, ohne den Anspruch auf Tatsächlichkeit zu erheben, z.B. in Märchen, Anekdoten und dergleichen:

Bir *varmış*, bir *yokmuş* …   Es war einmal … (Märchenbeginn)
Nasreddin Hoca çarşıya git*miş* …   Nasreddin Hoca geht zum Basar …

5. Die Vergangenheit auf *-miş* kann im Deutschen nur durch Zusätze
wie „wohl, wahrscheinlich, angeblich" und die modalen Hilfsverben
„dürfen, scheinen" wiedergegeben werden:

Doktor ona yeni bir ilaç ver*miş*.   Der Arzt hat ihr wohl ein neues
                                     Medikament gegeben.

6. *-miş* kann ebenfalls an *var* und *yok* angefügt werden:

Eskiden burada güzel bir bahçe   Früher gab es hier einen schönen
var*mış*.   Garten (… soll es gegeben haben).

7. An die *miş*-Form kann auch die Kopula *-dir* bzw. *-tir* (nach der großen Vokalharmonie) treten und damit eine Bestimmtheit oder Möglichkeit anzeigen:

İstanbul'a git*miştir*.   Es ist bestimmt nach Istanbul
                                     gefahren.

Bizi gör*müştür*.   Er muß uns wohl gesehen haben.

Die unbestimmte Vergangenheit im Präsens (-iyormuş/-rmiş)

Die Gegenwart auf *-yor* sowie auf *-r* kann mit *imiş* erweitert und in beiden Fällen verbunden und unverbunden geschrieben werden:

geliyormuş (geliyor imiş)	er kommt wohl gerade
gelirmiş (gelir imiş)	er pflegte wohl zu kommen

Diese Formen können sich auf die Gegenwart, aber auch auf die Vergangenheit beziehen, wenn die Rahmenhandlung in der Vergangenheit spielt. Damit wird ein Zweitbericht wiedergegeben (siehe *-miş*-Vergangenheit!):

Ali bugün gel*iyormuş*.	Ali kommt heute (dem Vernehmen nach).
Annesi onu dört gözle bekl*iyormuş*.	Seine Mutter erwartet ihn sehnsüchtig (wie es heißt).
Tanıştığım kız Ayasofya'ya gezmek iste*rmiş*.	Das Mädchen, das ich kennengelernt habe, möchte die Haghia Sophia besichtigen (wie es mir gesagt hat).

Die unbestimmte Vergangenheit im Futur (-ecekmiş)

Das Futur kann ebenfalls mit *imiş* erweitert werden. Es wird dann verwendet, wenn der Sprecher einen Sachverhalt mitteilen will, den er erfahren hat; er gibt also einen Bericht als Zweitbericht weiter. Auch Unbestimmtheit eines Sachverhaltes kann eine Rolle spielen, muß aber nicht. Zu beachten ist, daß die Form *-ecekmiş* nicht nur für *-ecek*, sondern auch für *-ecekti* stehen kann. *İmiş* kann zur Betonung wieder getrennt vom Verbum geschrieben werden.

gelecekmiş	(gelecek imiş)	er würde (wird, soll) wohl kommen

Im Deutschen können solche Aussagen mit „soll, dem Vernehmen nach, wie es heißt, offensichtlich" u.ä. wiedergegeben werden:

Ankara'ya gid*ecekmiş*siniz.	Sie werden/sollen nach Ankara gehen.
Arabanın tamiri yarın bit*ecekmiş*.	Die Reparatur des Wagens wird morgen fertig sein (wie man sagte).
Ali size dün akşam uğrayacak *imiş*, ama ona misafir gel*miş*.	Ali wollte gestern abend bei euch vorbeikommen, aber zu ihm kam Besuch (wie er sagte).

Plusquamperfekt (Vorvergangenheit)

Vorvergangenheit auf -diydi

Das Türkische kennt neben der Vorvergangenheit auf -*mişti* eine weitere, seltener gebrauchte Form auf -*diydi*. Sie kommt in zwei Formen vor. Entweder wird *idim, idin, idi* usw. an das Perfekt in der 3. Person Singular mit dem Füllkonsonanten *y* angefügt (auch unverbundenes Nachstellen zur Betonung ist möglich):

e oder *i*	*a* oder *ı*	*ö* oder *ü*	*o* oder *u*
gel*diydim**	al*dıydım**	gül*düydüm**	oku*duydum**
gel*diydin*	al*dıydın*	gül*düydün*	oku*duydun*
gel*diydi*	al*dıydı*	gül*düydü*	oku*duydu*
gel*diydik*	al*dıydık*	gül*düydük*	oku*duyduk*
gel*diydiniz*	al*dıydınız*	gül*düydünüz*	oku*duydunuz*
gel*diydiler*	al*dıydılar*	gül*düydüler*	oku*duydular*

*Ich war gekommen (hatte genommen/gelacht/gelesen).

oder -*dim, -din, -di* usw. wird mit *idi* kombiniert:

gel*dimdi**	al*dımdı*	gül*dümdü*	oku*dumdu*
gel*dindi*	usw.		
gel*diydi*			
gel*dikti*			
gel*dinizdi*			
gel*dilerdi*			

*Ich war gekommen

verneint	gel*mediydi*	er war nicht gekommen
fragend	gel*di miydi?*	war er gekommen?
verneint fragend	gel*medi miydi?*	war er nicht gekommen?

Beachte: Geben Sie der erstgenannten Form den Vorzug (-*diydim*)! In der 3. Person Plural kommen beide Formen gleich häufig vor.

Die Vorvergangenheit auf -*diydi* kann mit und ohne Bezug zu einer anderen Zeitstufe verwendet werden. Sie drückt einen Sachverhalt als „Ablauf eines Geschehens" aus, von dem sich der Sprecher zeitlich distanziert, um die Erinnerung daran wachzurufen. Es ist dabei unwichtig, ob der damit ausgedrückte zeitliche Abstand wirklich oder nur gedacht ist.

Paranı geri ver*diydim.*	Ich hatte dir dein Geld zurückgegeben.
Sen de cebine koy*duydun.*	Und du hattest es in deine Tasche gesteckt.
Annem saat beşte geldi.	Meine Mutter kam um fünf Uhr.
Daha önce de kardeşim gel*diydi.*	Und vorher war (schon) mein Bruder gekommen.
Söz ver*medik miydi?*	Hatten wir es nicht versprochen?
Bu filmi de gördü*ydünüz.*	Ihr hattet den Film auch gesehen.
Kitapları bizde unuttu*ydular.*	Sie hatten ihre Bücher bei uns vergessen.

Vorvergangenheit auf -mişti

Außer der Vorvergangenheit auf -*diydi* kennt das Türkische die häufiger gebrauchte Zeitstufe auf -*mişti*. Sie setzt sich aus -*miş* und den Vergangenheitsformen *idim* zusammen und kann verbunden oder unverbunden stehen:

e oder *i*	*a* oder *ı*	*ö* oder *ü*	*o* oder *u*
gel*miştim**	al*mıştım**	gül*müştüm**	oku*muştum**
gel*miştin*	al*mıştın*	gül*müştün*	oku*muştun*
gel*mişti*	al*mıştı*	gül*müştü*	oku*muştu*
gel*miştik*	al*mıştık*	gül*müştük*	oku*muştuk*
gel*miştiniz*	al*mıştınız*	gül*müştünüz*	oku*muştunuz*
gel*miştiler*	al*mıştılar*	gül*müştüler*	oku*muştular*
oder:			
gel*mişlerdi*	al*mışlardı*	gül*müşlerdi*	oku*muşlardi*

*Ich war gekommen (hatte genommen/gelacht/gelesen).

Beachte: Die beiden Varianten der 3. Person Plural kommen gleich häufig vor.

verneint	gel*memişti*	er war nicht gekommen
fragend	gel*miş miydi?*	war er gekommen?
verneint fragend	gel*memiş miydi?*	war er nicht gekommen?

Auch die Vorvergangenheit auf -*mişti* kann ohne Beziehung zu einer anderen Zeitstufe gebraucht werden. Es gilt das wie für -*diydi*- Gesagte, wobei aber die -*mişti*-Version das *Ergebnis eines Geschehens* als einseitige Mitteilung des Sprechers wiedergibt.

Sana para ver*miştim.*	Ich hatte dir Geld gegeben.
Dikkat etme*miştin.*	Du hattest nicht aufgepaßt.
Ali haber etme*mişti.*	Ali hatte keine Nachricht gegeben.
Bunu iyi düşünme*miştik.*	Das hatten wir nicht gut überlegt.
Oradan arkadaşlarına yaz*mıştınız.*	Ihr hattet euren Freunden von dort geschrieben.
Ne konuş*muştular?*	Was hatten sie besprochen?

Auch *-miş* kann mit *imiş* zu *-mişmiş* erweitert werden. Diese Möglichkeit wird jedoch selten und nur dann gebraucht, wenn der Sprecher es für wichtig erachtet, den Sachverhalt nicht nur als nachträglich betrachteten Zustand zu schildern, sondern ihn zusätzlich eindeutig als von einem Dritten erfahren darstellen will. Ebenfalls kann hiermit ein Zweifel an der Richtigkeit des Sachverhaltes ausgedrückt werden:

Ali Ankara'ya git*mişmiş.*	Ali soll, wie es heißt, nach Ankara gefahren sein. (Mitteilung durch einen Dritten, oder: Anzweifelung der Aussagen: es wird zwar gesagt, aber vielleicht stimmt es nicht.)
Komşuları davet et*mişmişim.*	Ich soll (, wie es heißt,) die Nachbarn eingeladen haben.
Tiyatroda uyuyakal*mışmışsın.*	Du sollst, wie es heißt, im Theater eingeschlafen sein. (Bedeutung: Du hast es weder gleich danach noch später gemerkt./ Oder: Es wird zwar gesagt, aber es stimmt vielleicht nicht.)

Beachte: *-mişmiş* kann *-miş* und *-mişti* verteten.

ZUSAMMENGESETZTE UND ABGELEITETE VERBEN

Zusammengesetzte Verben

Das Türkische kennt einige Verben, die mit Verbaladverbien und mit Hilfe eines Verbindungsvokals (*-i, -ı, -ü, -u* oder *-e, -a*) kombiniert werden können:

1. Die häufigste Kombination wird mit *bilmek* (*-ebilmek*, können) gebildet und stellt die Möglichkeitsform dar (siehe eigenes Kapitel!).

2. Die Verbindung mit *vermek* (*-u/-ı/-ü/-ivermek*, nach vokalischem Stammauslaut *-yivermek*) drückt ein Geschehen aus, das ohne große Umstände erfolgen kann:

Şuraya otur*uver*in.	Setzen Sie sich doch dahin!
Akşam Ali gel*iver*di.	Am Abend tauchte Ali (bei uns) auf.
Çiçek Pazarı çök*üver*miş.	Der Çiçek Pazarı ist (unvermutet) eingestürzt.

Sie wird meistens bejaht und in der Befehlsform gebraucht. Die Verneinung erfolgt regelmäßig, bei Kombination mit *vermek* kann aber auch der Stamm verneint werden und bedeutet dann ein unerwartetes Unterlassen:

Derse niye gid*iverme*din?	Warum bist du denn nicht zum Unterricht gegangen?
Git*meyiver*dim işte!	Ich bin eben nicht hingegangen!

3. Die Zusammensetzung mit *durmak* (*-e/-adurmak* bzw. *-ye/-yadurmak*) zeigt die Fortdauer einer Handlung an. Sie kommt nur im Imperativ bzw. Optativ vor. Alle anderen temporalen/modalen Formen einschließlich Frageformen und Negation werden mit *-ip durmak* gebildet:

Sen burada bekle*yedur*!	Du wartest hier!
O mektup yaz*adur*sun!	Du sollst diesen Brief schreiben!

4. Zusammengesetzte Verben mit *kalmak* (*-e/-akalmak* bzw. *-ye/-yakalmak*) deuten ein Verharren in dem betreffenden Zustand an und sollten nur im Zusammenhang mit *bakmak* und *şaşmak* gelernt werden:

Bu sabah Emine'yi çarşıda görünce şaş*akal*dım.	Als ich heute früh Emine im Basar sah, war ich sehr erstaunt.
Çocuklar Noel babasını görürken çok bak*akal*dılar.	Als die Kinder den Weihnachtsmann sahen, waren sie sprachlos vor Staunen.

5. Die Verbindung mit *gelmek* (*-e/-a/-ye/-yagelmek*) zeigt das Fortdauern eines begonnenen Sachverhaltes an und sollte auch nur in bekannten Zusammensetzungen gebraucht werden:

İşsizlik öteden beri devam
ed*egel*en bir sorundur.

Arbeitslosigkeit ist ein Problem,
das seit eh und je besteht.

Die Zusammensetzungen mit *gelmek/çıkmak* und *kalmak/uyumak* können auch ein unerwartetes Geschehen bezeichnen:

Dün akşam Ahmet çık*agel*di.

Gestern abend kam (unerwartet) Ahmet.

Televizyon seyrederken
uyu*yakal*mışım.

Beim Fernsehen bin ich offenbar eingeschlafen.

Sahi, uyu*ya* mı *kal*dın?

Wirklich, du bist eingeschlafen?

Wie das letzte Beispiel zeigt, kann das Fragewörtchen *mi* zwischen die Zusammensetzung treten.

6. Die Kombination mit *komak* bzw. *koymak* (setzen, stellen, legen) kommt nur in Verbindung mit *almak* vor:

Sizi *alıko(y)*dum.

Ich habe Sie aufgehalten.

Beni bu boş laflarla
*alıko(y)*mayınız!

Halten Sie mich nicht mit diesem Geschwätz auf!

Phraseologische Verben

Eine Besonderheit stellen die sogenannten phraseologischen Verben dar. Es handelt sich dabei um arabische und persische, aber auch aus europäischen Sprachen übernommene Nomina oder Partizipien, die mit Verben bzw. Hilfsverben (im Sinne von „machen") verbunden Verben bilden. Die häufigsten sind mit *etmek* (machen) oder *olmak* (sein, werden) konstruiert: *ziyaret etmek* (Besuch machen = besuchen), *hasta olmak* (krank werden) oder *namaz kılmak* (beten), *telefon etmek* (telefonieren).

Ist das Lehn- oder Fremdwort einsilbig, so wird das zusammengesetzte Verbum in einem Wort geschrieben und die ursprüngliche Doppelkonsonanz, die im Türkischen am Wortende ausfällt, wiederhergestellt, wie z.B.: *affetmek* (von *af* verzeihen), *hissetmek* (von *his* fühlen), oder *zannetmek* (von *zan* vermuten); ebenso die auf Doppelkonsonanz auslautenden arabischen Wörter, die als türkische Substantive einen Hilfsvokal erhielten: *emretmek* (von *emr/emir* befehlen), *hapsetmek* (von *haps/hapishane* einsperren), *kaybetmek* (von *kayıp* verlieren) und *kaybolmak* (verloren gehen).

Von Substantiven und Adjektiven abgeleitete Verben

1. Aus Substantiven und Adjektiven werden mit dem Suffix *-le/-la* meist transitive Verben gebildet:

baş	Kopf, Anfang	baş*la*mak	anfangen, beginnen
göz	Auge	göz*le*mek	beobachten, warten auf
hatır	Gedächtnis	hatır*la*mak	sich erinnern
yol	Weg	yol*la*mak	schicken
geniş	breit	geniş*le*mek	verbreitern
hazır	bereit	hazır*la*mak	vorbereiten
tamam	vollständig	tamam*la*mak	vervollständigen
zor	schwierig	zor*la*mak	zwingen

2. Die mit *-leş/-laş* aus Substantiven gebildeten Verben äußern einen Zustand, in den man ohne eigenes Zutun gelangt, wogegen aus Adjektiven abgeleitete Verben meist die deutsche Entsprechung mit „werden" wiedergeben:

Almanca	deutsch(e Sprache)	almanca*laş*mak	eingedeutscht, zu einem deutschen Wort werden
Türk	Türke, Türkin	türk*leş*mek	zum Türken werden (in Sitten und Gebräuchen)
ağır	schwer	ağır*laş*mak	schwer(er) werden
bir	eins	bir*leş*mek	eins werden, sich vereinigen
iyi	gut	iyi*leş*mek	genesen; sich verbessern
zor	schwierig	zor*laş*mak	schwierig(er) werden

3. Mit *-len/-lan* erweiterte Verben erhalten die Bedeutung von „versehen mit" und können von Substantiven wie Adjektiven abgeleitet werden:

akıl	Verstand, Vernunft	akıl*lan*mak	verständig, vernünftig werden
ev	Haus	ev*len*mek	heiraten

hasta	krank	hasta*lan*mak	krank werden
ses	Stimme	ses*len*mek	schreien, laut rufen
yaş	Alter	yaş*lan*mak	älter werden, altern

4. Weitere Ableitungen in der Bedeutung von *werden* gibt es mit den Suffixen *-e/-a, -el/-al, -er/-ar, -ik/-ık/-ük/-uk, -l, -se/-sa:*

boş	leer, frei	boş*a*mak	sich scheiden lassen
az	wenig	az*al*mak	weniger werden, verringern
boş	leer, frei	boş*al*mak	leer werden, sich leeren
kara	schwarz, dunkel	kar*ar*mak	dunkel werden
aç	hungrig	aç*ık*mak	hungrig werden
eksi	minus	eksi*l*mek	weniger werden
hafif	leicht	hafif*se*mek	geringschätzen

5. Vokalisch auslautende Adjektive werden oft wie Verbalstämme behandelt; auf *k* endende Adjektive verlieren ihr *k*:

kuru	trocken	kurumak	trocken werden
eski	alt	eskimek	alt werden, veralten
büyük	groß	büyümek	groß werden
soğuk	kalt	soğumak	kalt werden

6. Das Suffix *-mse/-msa* drückt eine Verkleinerung, manchmal eine Heuchelei oder irrige Einschätzung aus. Bei vokalischem Auslaut wird ein *y* eingefügt, bei auslautendem *k* fällt dieses weg bzw. wird zu *ğ* erweicht:

az	wenig	az*ımsa*mak	für geringfügig halten, unterschätzen
ben	ich	ben*imse*mek	sich etwas aneignen, annehmen
çok	viel	ço*ğumsa*mak	überschätzen
küçük	klein	küçü*mse*mek	unterschätzen, geringschätzen, für klein halten

Erweiterte Verbstämme

Durch Anhängung von Endungen an den Grundstamm eines Verbums können weitere Verbstämme gebildet werden:

1. *Reflexiv* durch *-in* (nach der großen Vokalharmonie) oder nach vokalischem Auslaut *-n*:

bulmak	finden	bul*un*mak	sich befinden
giymek	anziehen	giy*in*mek	sich anziehen
tutmak	kämmen	tut*un*mak	sich kämmen
yıkamak	waschen	yıka*n*mak	sich waschen, baden

2. *Reziprok* durch *-iş* oder nur *-ş*, drückt Gegenseitigkeit oder Gemeinsamkeit aus:

anlamak	verstehen	anla*ş*mak	sich verstehen
bulmak	finden	bul*uş*mak	sich treffen
görmek	sehen	gör*üş*mek	sich sehen (und sprechen)
aber:			
almak	nehmen, kaufen	al*ış*mak	sich gewöhnen an
çalmak	spielen	çal*ış*mak	sich bemühen, arbeiten

3. *Passiv* durch *-il* (nach der großen Vokalharmonie) an konsonantischen Auslaut, an vokalisch oder auf *-l* auslautende Stämme erfolgt *-n* bzw. *-in:*

görmek	sehen	gör*ül*mek	gesehen werden
bulmak	finden	bul*un*mak	gefunden werden (s.a. Reflexiv!)
vermek	geben	ver*il*mek	gegeben werden
yazmak	schreiben	yaz*ıl*mak	geschrieben werden
denmek	sagen	den*il*mek	gesagt werden
söylemek	sagen	söyle*n*mek	gesagt werden (auch murren!)

Merke: Beim Passiv wird „von" durch *tarafından* oder das Suffix *-ce/-ca*
wiedergegeben (siehe auch Seite 49 und 196):

Adım amcam *tarafından* konu*l*muş.	Mein Name wurde mir von meinem Onkel gegeben.
Bu herkes*çe* bilinir.	Das ist jedem bekannt.

4. *Kausativ* als Ausdruck der Veranlassung wird gebildet durch die
häufigste Endung *-dir* bzw. *-tir* (nach der großen Vokalharmonie) an
konsonantisch auslautende Verben außer auf *-l* und *-r:*

bilmek	wissen	bil*dir*mek	mitteilen (wissen lassen)
almak	holen	al*dır*mak	holen lassen
ölmek	töten	öl*dür*mek	töten lassen
yapmak	machen	yap*tır*mak	machen lassen

-t tritt an zweisilbige Vokale oder auf *-l* und *-r* endende Stämme:

anlamak	verstehen	anla*t*mak	erzählen, erklären
beklemek	warten	bekle*t*mek	warten lassen
düzelmek	sich bessern	düzel*t*mek	verbessern
oturmak	sitzen, sich setzen	otur*t*mak	sitzen oder sich setzen lassen

-ir (-ır, -ür, -ur) tritt an einsilbige Stämme:

bitmek	enden	bit*ir*mek	(etwas) beenden
geçmek	vorbeigehen	geç*ir*mek	vorbeigehen/ passieren lassen
düşmek	fallen	düş*ür*mek	fallen lassen, verlieren

-it (-ıt, -üt, -ut) tritt an einsilbige, meist auf *-k* auslautende Stämme:

akmak	fließen	ak*ıt*mak	fließen lassen
korkmak	sich fürchten	kork*ut*mak	jemanden erschrecken

-er (-ar) erscheint nur an wenigen Verben:

gitmek	gehen	gid*er*mek	(etwas) beseitigen
çıkmak	hinausgehen	çık*ar*mak	herausbringen

Merke: Es gibt auch einige unregelmäßige Bildungen, wie z.B.:

gelmek	kommen	getirmek	bringen, mitnehmen
görmek	sehen	göstermek	zeigen
öğrenmek	lernen	öğretmek	lehren

Die Wiedergabe von man

kann auf verschiedene Weise erfolgen:

1. durch die 3. Person Plural:

Bu şeye Türkçe ne derler?	Wie sagt man dazu auf Türkisch?

2. durch das Passiv:

Şehir merkezine nasıl gidilir?	Wie geht man von hier zur Stadtmitte?
Bu gazete okunamaz.	Diese Zeitung kann man nicht lesen!

3. durch die Substantive *insan* (Mensch) und *kişi* (Person):

İnsan bunu düşünmez mi?	Denkt man nicht daran?

4. durch die *Notwendigkeitsform* in der 3. Person Singular, wenn sie ohne Subjekt steht:

Bunu müdüre bildirmeli.	Das muß man dem Direktor mitteilen.

PARTIZIPIEN

Partizip Präsens (-en, -an)

Das Partizip Präsens wird aus dem Verbstamm und der Endung *-en* bzw. *-an, (-yen/-yan)* gebildet, wobei die Endung betont ist. Die Verneinung unterliegt der kleinen Vokalharmonie:

gel*en*	kommend	gel*meyen*	nicht kommend
sev*en*	liebend	sev*meyen*	nicht liebend
ol*an*	seiend	ol*mayan*	nicht seiend

| Gebrauch |

1. Das Partizip Präsens kann als Adjektiv unverändert vor dem Substantiv stehen:

ağlayan çocuk   das weinende Kind; das Kind,
                                 das weint(e)
gülen kız   das lachende Mädchen;
                                 das Mädchen, das lacht(e)

2. In der Regel wird es zur Wiedergabe des deutschen Relativsatzes gebraucht. Die Zeitform kann Präsens oder Vergangenheit sein und richtet sich nach dem Hauptverb des Satzes:

Ağlayan çocuğu tanımıyorum.   Das weinende Kind kenne ich
                                 nicht. Das Kind, das weint, kenne
                                 ich nicht.
Annesi Almanya'da çalışan   Das Kind, dessen Mutter in
çocuk İstanbul'da büyük   Deutschland arbeitet, lebt bei
annesinin yanında yaşar.   seiner Großmutter in Istanbul.
Dün gelen mektubu kim yazdı?   Wer hat den Brief geschrieben,
                                 der gestern gekommen ist?
Okula gitmeyen kardeşim beş   Mein Bruder, der nicht zur Schule
yaşında.   geht, ist fünf Jahre alt.
Dün bize gelen bey, oğlumun   Der Herr, der gestern zu uns kam,
öğretmeniydi.   war der Lehrer meines Sohnes.

3. Das Partizip Präsens kann auch aus zusammengesetzen Verben gebildet werden:

Türkçe konuşabilen var mı?   Gibt es jemanden, der Türkisch
                                 sprechen kann?
İyi futbol oynayabilen kimse yoktu. Es gab keinen, der gut Fußball
                                 spielen konnte.

4. Es kann ebenso als Substantiv gebraucht, als solches dekliniert und mit weiteren Endungen versehen werden:

Gelenin adı ne?   Wie heißt derjenige, der kommt?
Çay isteyen var mı?   Möchte jemand Tee?
Parayı veren benim.   Ich bin es, der das Geld gibt/
                                 gegeben hat.

| İyi çalışma*yana* fazla para ödenmeyecek. | Demjenigen, der nicht gut arbeitet, wird nicht mehr Geld gezahlt (werden). |
| İşver*enlerin* konferansı bugün değil. | Die Konferenz der Arbeitgeber findet heute nicht statt. |

Partizip des Aorist

Das Partizip des Aorist entspricht der 3. Person Singular des *r*-Präsens.

| yazar | jemand, der schreibt/schreiben kann; Schriftsteller |
| okur | jemand, der liest/lesen kann; Leser |

Gebrauch

---

1. Viele Aorist-Partizipien sind zu Nomen geworden und dienen in der positiven Form der Bezeichnung von Fähigkeiten und Eigenschaften:

ok*ur* yaz*ar* bir çocuk	ein Kind, das lesen und schreiben kann
gel*ir*	etwas, das kommt; Einkommen
yan*ar* dağ	ein brennender Berg; Vulkan
yen*ir*/içil*ir*	eßbar/trinkbar

2. In der negativen Form (auch im Passiv) bezeichnet es meist die Unmöglichkeit:

yara*maz*	was zu nichts taugt; ungezogen; Nichtsnutz
çık*maz*	Sackgasse
yen*mez*/içil*mez*	ungenießbar/nicht trinkbar
tüken*mez* kalem	Kugelschreiber (ein nicht enden wollender Stift)
Havla*yan* köpek ısır*maz*!	Bellende Hunde beißen nicht! (Sprichwort)

3. Die unmittelbare Nebeneinanderstellung des positiven und negativen Partizips ergibt eine Wendung, die unabhängig von Person und Zeit im Sinne von „Sobald ..., kaum ..., daß ... , ... sowie ...“ gebraucht wird. *Istemek* oder *olmak* haben eine eigene Bedeutung:

Ayşe *gelir gelmez* bana haber ver!	Sobald Ayşe kommt, gib mir Bescheid!
Sen *gider gitmez* biz geldik.	Kaum warst du gegangen, da kamen wir.
Gülay *ister istemez* taksiye bindi.	Gülay stieg *wohl oder übel* (ob sie will oder nicht) ins Taxi.
Doktor *ne olur ne olmaz* gelsin!	Der Arzt soll *auf alle Fälle* (was auch ist) kommen!

4. Die Kombination von *-mez olur mu* gibt eine vehemente Entgegnung auf eine falsche Annahme wieder:

Oku*maz olur muyum?*	Lese ich etwa nicht? (wörtlich: Bin ich etwa jemand, der nie liest? Sinngemäß: Natürlich lese ich!)
Ali hiç rakı iç*mez olur mu?*	Und ob Ali Rakı trinkt, und wie!

5. Die Verbindung mit *olmak* drückt eine grundlegende Änderung einer Gepflogenheit aus bzw. die Annahme einer neuen:

Sen artık her gün uğrar *oldun.*	Du schaust neuerdings jeden Tag bei uns vorbei.
Hastanedeki arkadaşımı her gün ziyaret *oldum.*	Ich begann, meinen Freund, der im Krankenhaus lag, jeden Tag zu besuchen.

Unbestimmtes Partizip der Vergangenheit (-miş)

Das unbestimmte Partizip der Vergangenheit stimmt mit der 3. Person Singular der unbestimmten Vergangenheit überein. Viele Partizipien entsprechen deutschen Adjektiven:

gör*müş*	gesehen habend; jemand, der gesehen hat
sev*miş*	geliebt habend; jemand, der geliebt hat

ol*muş*/ol*mamış*	reif/unreif
sol*muş*	verwelkt
bit*miş*	erledigt
dol*muş**	Sammeltaxi
geç*miş**	Vergangenheit

*Manche sind auch zu Substantiven geworden.

Gebrauch

1. Das Partizip auf -*miş* drückt einen erreichten (nachträglich betrachteten) Zustand aus:

dünyayı gör*müş* bir adam	ein Mann, der die Welt gesehen hat (erfahren, weitgereist)
Geri kal*mış* ülkelere maddi yardım yapılacak.	Den unterentwickelten (zurückgebliebenen) Ländern wird finanzielle Hilfe gewährt werden.
Ali oku*muş* bir hanımla evlenmek istiyor.	Ali will eine gebildete (studierte/belesene) Dame heiraten.

2. Es wird häufiger mit passivischen als mit aktivischen Verben gebraucht:

Ver*ilmiş* bir sözü tutmalısın.	Ein gegebenes Wort mußt du halten.
Terk ed*ilmiş* arkadaşım bize geldi.	Heute ist meine Freundin, die (von ihrem Mann) verlassen wurde, zu uns gekommen.

3. Als Substantiv kann es dekliniert werden:

Acıkmış*a* benziyorsun.	Du siehst aus, als ob du hungrig geworden wärst.
Ayşe ödevlerini yapmış*a* benzer.	Es sieht so aus, als machte Ayşe ihre Aufgaben.

Bestimmtes Partizip der Vergangenheit (-miş olan)

Verbindet man das unbestimmte Partizip der Vergangenheit mit dem Partizip Präsens von *olan* bzw. *olmayan,* so erhält man das bestimmte Partizip der Vergangenheit:

gelmiş *olan/olmayan* tren	der Zug, der (nicht) angekommen ist
İn*miş olan* uçağı görüyor musun?	Siehst du das Flugzeug, das gelandet ist?
İşten çıkarıl*mış olanlar* sendikaya başvuracaklar.	Diejenigen, die entlassen worden sind, werden sich an die Gewerkschaft wenden.
Söz veril*miş olanların* yapılması lazım.	Alles, was versprochen wurde, muß eingehalten werden.

Das *-miş*-Partizip kann mit einer Reihe von Verbformen kombiniert werden:

1. mit *oldu* oder *bulundu* beschreibt es ein nicht wieder rückgängig machbares Geschehen:

Her nasılsa bunu söyle*miş oldum/bulundum.*	Wie es auch immer sei, ich habe das nun einmal gesagt./Ich befinde mich nun einmal in der Lage, das gesagt zu haben.
Söyle*miş olduklarınızı* unutmayacağım.	Ich werde all das, was Sie gesagt haben, nicht vergessen.

2. mit *olur* bzw. *oluyor* bedeutet es „somit, auf diese Weise":

Öğlenleri bir saat yatarsam dinlen*miş olurum.*	Wenn ich mich mittags eine Stunde hinlege, bin ich ausgeruht.

3. mit *olmalı* (Notwendigkeitsform) wird eine Vermutung ausgesprochen, die im Deutschen durch Füllwörter wie „wohl", „wahrscheinlich" verstärkt wird; bei Verneinung tritt ein Bedeutungswandel ein:

Gülün gel*miş olmalı.*	Gülün *ist wahrscheinlich* gekommen.
Seni gör*müş olmali.*	Sie *muß* dich (wohl) gesehen haben.
Seni gör*memiş olmali.*	Sie *muß* dich *nicht* gesehen haben. (Vermutung)

aber:

Seni gör*müş olmamali.*	Sie *darf* dich *nicht* gesehen haben.
Gülün'nün gel*miş olması gerek(ir).*	Gülün *muß* gekommen sein.

4. mit *olabilir* (Möglichkeitsform) bzw. *olamaz* (Unmöglichkeitsform):

Ali seni gör*müş olabilir.*	Ali *kann* dich gesehen haben. / Es kann sein, daß Ali dich gesehen hat.
Seni gör*müş olamaz.*	Er *kann* dich *nicht* gesehen haben.
Seni gör*memiş olamaz.*	Es *kann nicht sein,* daß er dich *nicht* gesehen hat.

Unbestimmtes Partizip des Futurs (-ecek, -acak)

Das unbestimmte Partizip des Futurs entspricht der 3. Person Singular des Futurs:

ol*acak/*ol*mayacak*	der sein/nicht sein wird
gel*ecek/*gel*meyecek*	der kommen/nicht kommen wird
al*acak/*al*mayacak*	der nehmen/nicht nehmen wird

Gebrauch

1. Das Partizip des Futurs kann sowohl adjektivisch wie substantivisch gebraucht werden:

Gel*ecek* ay Türkiye'ye gideceğim.	Kommenden Monat werde ich in die Türkei reisen.
Yi*yecek* bir şey ister misiniz?	Möchten Sie etwas essen?
Çicek getir*ecek* kız nerede?	Wo ist das Mädchen, das Blumen bringen sollte/wollte.
İn*ecek* var mı?	Gibt es welche, die aussteigen wollen?
Bu roman okun*acak* bir kitap değil.	Dieser Roman ist nicht lesenswert (kein lesenswertes Buch).

2. Es kann ebenso wie alle Partizipien ein eigenes Subjekt zu sich nehmen und wird dann im Deutschen meist mit einem Relativsatz wiedergegeben:

Araba alacak arkadaşım benimle   Mein Freund, der ein Auto kaufen
beraber Türkiye'ye gidecek.   wird/will, wird mit mir in die Tür-
                                        kei fahren.

3. Das Partizip des Futurs umfaßt auch die Bedeutung von „wollen,
sollen, können" sowie potentielle und irreale Vorstellungen:

gel*ecek*   der kommen will, soll, kann
yen*ecek* bir şey   etwas, das gegessen werden kann,
                                       sollte
Bana yardım ed*ecek* hiç kimse yok.   Es ist niemand da, der mir helfen
                                       würde.

4. Es kann auch passive Bedeutung annehmen:

yiyecek bir şey   etwas zum Essen
giyecek bir şey   etwas zum Anziehen

5. Hieraus entstanden einige Substantive:

yiyecek   Eßbares
içecek   Getränk
giyecek   Bekleidung
yakacak   Brennstoff

6. Kombiniert mit *değil* erhält es eine kategorische Nuance:

Böyle bir şey yap*acak değilim.*   So etwas tue ich (grundsätzlich)
                                       nicht.

7. Das unbestimmte Partizip des Futurs kann mit einigen Verbformen
kombiniert werden und drückt eine Absicht aus mit

– *oldu:*

Söyley*ecek oldu*, sonra vazgeçti.   Er wollte etwas sagen (hatte die
                                       Absicht), (doch) dann verzichtete
                                       er darauf.

Bunu söyleme*yecek oldu*m.   Dies wollte ich eigentlich nicht
                                       sagen.

Dün gel*ecek oldu*m ama,   Gestern gedachte ich zu kommen,
bize misafir damladı.   aber es ist uns Besuch herein-
                                       geschneit.

- anderen Zeitformen von *olmak:*

Teyzene telefon ed*ecek olursa*n bizden selam söyle.	Wenn du deine Tante anrufst (anrufen solltest), grüße sie von uns.
Bana yardım ed*ecek olsaydı* çoktan gelir yardım etmiş olurdu.	Wenn er mir hätte helfen wollen, wäre er schon längst gekommen und hätte geholfen.

Bestimmtes Partizip des Futurs (-ecek olan)

Das bestimmte Partizip des Futurs fügt zum unbestimmten Futurpartizip *olan* hinzu:

Hemen kalk*acak olan* otobüste daha çok yer var.	In dem Bus, der gleich abfahren wird, gibt es noch viele Plätze.
Bugün Antalya'ya var*acak olan* arkadaşım Almandır.	Mein Freund, der heute in Antalya ankommen wird, ist Deutscher.

Partizipien mit Postpositionen (gibi, kadar)

Wenn die unbestimmten Partizipien mit der Postposition *gibi* verbunden werden, haben sie die Bedeutung von „als ob", „wie wenn":

Ağlar *gibi* bakıyor.	Er schaut drein, als ob er weinen würde.
Sınavı ver*miş gibi* hareket ediyor.	Er benimmt sich, als ob er seine Prüfung bestanden hätte.
Gid*ecek gibi* yaptım.	Ich tat so, als ob ich gehen wollte.

Ist das Subjekt des Nebensatzes von dem Subjekt des Hauptsatzes verschieden, so stehen die persönlichen Verbalformen im Satz mit *gibi.* Die Aussage kann durch die Interjektion *sanki* verstärkt werden:

Arkadaşım, sanki biz onu görmüyormuş*uz gibi* hareket ediyordu.	Mein Freund benahm sich, als ob wir ihn nicht sähen.
Genç kız parayı, *(sanki)* kendisine ver*mişim gibi* aldı.	Das junge Mädchen nahm das Geld, als ob ich es ihm gegeben hätte.

Das Futurpartizip kann auch mit der Postposition *kadar* stehen:

Seni bekle*yecek kadar* vaktim yok.	Ich habe nicht soviel Zeit, um auf dich zu warten.
Araba al*acak kadar* paran var mı?	Hast du so viel Geld, daß du das Auto kaufen kannst?

Die Partizipien von var **und** yok

Die Partizipien von *var* und *yok* lauten *olan* und *olmayan*:

beş çocuğu *olan* kadın	die Frau, die fünf Kinder hat
annesi *olmayan* kız	das Mädchen, das keine Mutter hat / das Mädchen, dessen Mutter nicht vorhanden ist
arabası *olmayan* arkadaşım	mein Freund, der kein Auto hat

DER OPTATIV (WUNSCHFORM)

Der *Optativ* ist eine Wunsch-Befehlsform und dient dem Ausdruck spontaner Entscheidungen und Aufforderungen. In den ersten Personen drückt er ein *Wollen*, in den übrigen Personen ein *Sollen* aus.

Der Optativ wird durch Anfügung von *-e/-a*, bei vokalischem Auslaut *-ye/-ya* an den Verbstamm gebildet. Daran treten die Personalendungen. Die 1. Person Plural bildet eine Sonderform *-elim/alım:*

gelmek	kalmak	görmek	okumak
gel*eyim**	kal*ayım**	gör*eyim**	oku*yayım**
gel*esin*	kal*asın*	gör*esin*	oku*yasın* **
gel*e*	kal*a*	gör*e*	oku*ya*
gel*elim*	kal*alım*	gör*elim*	oku*yalım*
gel*esiniz*	kal*asınız*	gör*esiniz*	oku*yasınız* **
gel*eler*	kal*alar*	gör*eler*	oku*yalar*

*Ich möchte

kommen	bleiben	sehen	lesen

**Beachte hierzu unten: Gebrauch 2.!

Die *Verneinung* unterliegt der kleinen Vokalharmonie und wird regelmäßig gebildet, wobei die Betonung auf der letzten Silbe des Verbstammes liegt:

gelm*eye*yim* alm*ayay*ım* ich *soll/darf nicht*
kommen/nehmen

*Ausgesprochen wird die Verneinungsform immer: gelm*ı*yeyim/
alm*ı*yayım!

Die Fragepartikel *mi* steht bei allen Personen, wie in der Vergangenheit auf *-di*, isoliert nach der vollständigen Verbalform:

geleyim *mi?* soll/darf ich kommen?
gelmeyeyim *mi?** soll/darf ich nicht kommen?

*Bei der verneinten Frage ruht die Betonung auf dem Verbstamm.

Der *Optativ* kann auch im *Imperfekt* gebildet werden:

ver*ey*d*ı*m	ich sollte geben	ver*meyeye*d*ı*m	ich sollte
ver*ey*d*i*n		ver*meyeye*d*i*n	nicht geben
ver*ey*d*i*		ver*meyey*d*i*	
ver*ey*d*i*k		ver*meyey*d*i*k	
ver*ey*d*i*niz		ver*meyey*d*i*niz	
ver*ey*d*i*ler		ver*meyey*d*i*ler	

Die Vergangenheit des *Optativs* wird durch das unbestimmte Partizip
der Vergangenheit *(-miş)* in Verbindung mit dem *Imperfekt* von *olmak*
gebildet:

ver*miş olayd*ım hätte ich gegeben
ver*miş olayd*ın hättest du gegeben

Gebrauch

---

1. Die 1. Personen der Wunschform werden sehr häufig verwendet
und geben eine Absicht, ein Bereitsein oder eine Aufforderung wieder:

Artık kalk*ayım*. Ich will nun gehen (aufstehen).
Gözlerinden öp*eyim!* Ich möchte ihre Augen küssen
(Grußformel).
Eve gid*eyim*. Ich will mal nach Hause gehen. /
Na, dann gehe ich mal nach
Hause.
Bu akşam sinemaya gid*elim*. Gehen wir heute abend ins Kino!
/ Wir wollen ... / Laßt uns doch
... ins Kino gehen!

İçeriye girme*yelim.*	Wir wollen nicht hineinkommen./ Gehen wir nicht hinein.
Eve gid*elim mi?*	Wollen/sollen wir nach Hause gehen?
Çay iç*elim!*	Laßt uns Tee trinken!
Size gelme*yeyim mi?*	Soll/darf ich nicht zu euch kommen?

2. Die 2. Personen werden in der Hochsprache nicht benutzt, sondern durch den *Imperativ* und die *Notwendigkeitsform* (siehe Seiten 94 ff. und 159 ff.) ersetzt. Sie kommen nur noch in westtürkischen Dialekten vor und drücken einen abgeschwächten Befehl oder ein Nahelegen aus:

Dersini hemen yap*asın.*	Mach doch deine Aufgaben sofort! (Du mögest … machen!)

3. Die 3. Personen (gele/geleler, kala/kalalar) werden heute seltener gebraucht und durch den Imperativ (gelsin/gelsinler, kala/kalsın) ersetzt:

Kolay gel*e/*kolay gel*sin!*	Möge es (die Arbeit dir) leicht werden! /
(Wunschformel)	Es möge leicht von der Hand gehen.
Kardeşin hastaysa, evde kal*sın!*	Wenn dein Bruder krank ist, soll er zu Hause bleiben.
Ne/kim ol*a?*	Was/wer mag das sein?
Afiyet ol*sun!*	Möge es wohl bekommen (Guten Appetit)!
Bugün bize gel*sinler!*	Sie sollen heute zu uns kommen!

4. In der Umgangssprache haben sich eine Reihe von idiomatischen Redewendungen gebildet. *Bakalım* ist hinter einem Imperativ zu einer Interjektion geworden in der Bedeutung von „doch, doch einmal, laßt sehen, wir wollen mal sehen":

Gel, *bakalım!*	Komm doch mal her!
Sus, *bakalım!*	Sei doch still!
Onu geç*elim …*	Lassen wir das, gehen wir zu etwas anderem über …
Kal*sın.*	Lassen Sie es nur (es ist nicht so wichtig).

5. Der Optativ wird nach *ki* und *de/da* sowie vor *diye* im Sinne von „damit, um .. zu" oder auch „und, daß" gebraucht:

Sözlerimi tekrarlayayım *ki* unutma*yasın!*	Ich möchte meine Worte wiederholen, damit du sie nicht vergißt!
Ye *ki* büyü*yesin!*	Iß, damit du groß wirst!
Anneme telefon edeyim *de* buraya gel*sin.*	Ich will mal meine Mutter anrufen, damit auch sie kommt.
Bu kitabı oku*yasınız diye* size veriyorum.	Damit Sie dieses Buch lesen, gebe ich es Ihnen.

6. *gelelim* ... *-e* entspricht „kommen wir (mal) zu ..." und *gel gelelim* wird mit „indessen, nun aber, jedoch" übersetzt:

Gelelim çocuksuzluk meselesin*e* ...	Kommen wir (gehen wir über) zum Problem Kinderlosigkeit ...
Gel gelelim bu mesele bildiğin gibi basit değil.	Dieses Problem indessen ist nicht so einfach, wie du meinst.

7. Die Vergangenheit des Optativs ist selten bzw. nur regional gebräuchlich, die positive und verneinte Frageform ungebräuchlich. Verwendung findet er vornehmlich in unerfüllbaren, irrealen Wunschsätzen, wobei eine Verstärkung durch vorgesetztes *keşke* (O daß doch!) erfolgen kann:

İstanbul'da bir ev bul*aydım* çocuklarımı köyden getirdim.	Hätte ich in Istanbul ein Haus gefunden, hätte ich auch meine Kinder aus dem Dorf kommen lassen.
Keşke bunu söyle*meyeydin.*	Hättest du das nur nicht gesagt!

8. Die Vergangenheit des Optativs drückt neben der bestimmten Vergangenheit auch die Wunschform im Konjunktiv aus:

Keşke gel*miş olaydı!*	Ach, wäre er/sie bloß gekommen!
Keşke Almanya'ya gelme*yeydim.*	Wäre ich doch nicht nach Deutschland gekommen!

9. Soll ein unerfüllbarer Wunsch in die Vergangenheit treten, kombiniert man das *-miş*-Partizip mit dem Optativ von *olmak* mit *idi (olaydı)*:

Keşke bu herifle evlenme*miş olaydın!*	O, hättest du bloß diesen Kerl nicht geheiratet!

10. Mit der durch *idi* erweiteren Wunschform wird manchmal auch der Konditional ersetzt (z.B. anstelle von *-seydi*: *geleydi, bulaydı*):

Doğu Anadolu'da iyi bir iş bul(s)*aydım*, oraya giderdim!	Wenn ich in Ostanatolien eine gute Arbeit gefunden hätte, wäre ich dorthin gegangen!
Keşke param ol(s)*aydı!*	Wenn ich doch Geld gehabt hätte!

DIE MÖGLICHKEITSFORM

Die Möglichkeitsform wird aus dem mit *-e/-a* (bzw. nach vokalischem Auslaut *-ye/-ya*) erweiterten Stamm des Hauptverbs und dem Verbum *bilmek* (wissen, können) gebildet.

gel*ebilmek*	kommen können	kal*abilmek*	bleiben können
gör*ebilmek*	sehen können	oku*yabilmek*	lesen können
söyle*yebilmek*	sagen können	anla*yabilmek*	verstehen können

Bei der *Konjugation* wird nur *bilmek* konjugiert:

Präsens	gel*ebiliyor*	gel*ebiliyor*um	ich kann kommen
Aorist	gel*ebilir*	gel*ebilir*sin	du kannst kommen
Perfekt	gel*ebildi*	gel*ebildi*	er hat kommen können
Imperfekt	gel*ebiliyordu*	gel*ebiliyor*duk	wir konnten kommen
Aorist-Imperfekt	gel*ebilirdi*	gel*ebilird*iniz	Sie konnten kommen
Futur	gel*ebilecek*	gel*ebilecek*ler	sie werden kommen können
-miş-Vergangenheit.	gel*ebilmiş*	gel*ebilmiş*	er hat wohl kommen können
Plusquamperferfekt	gel*ebilmişti*	gel*ebilmişt*ik	wir hatten kommen können
Vergangenheit des Futurs	gel*ebilecekti*	gel*ebilecekt*im	ich hätte kommen können

Die Betonung liegt immer auf dem ersten Tempussuffix, also im Präsens auf *-yor*.

Frageform:

Präsens	kal*abiliyor muyum?*	kann ich bleiben?
Aorist	kal*abilir misin?*	kannst du bleiben?
Perfekt	kal*abildi mi?*	hat er/sie/es bleiben können?
Imperfekt	kal*abiliyor muyduk?*	konnten wir bleiben?
Aorist-Imperfekt	kal*abilir miydiniz?*	konntet ihr bleiben?
Futur	kal*abilecekler mi?*	werden sie bleiben können?
-miş-Verg.	kal*abilmiş miyim?*	habe ich wohl bleiben können?
Plusquam-perfekt	kal*abilmiş miydin?*	hattest du bleiben können?
Verg. d. Futurs	kal*abilecek miydik?*	hätten wir bleiben können?

Gebrauch

1. Die Möglichkeitsform des *-yor*-Präsens ist relativ selten. Sie wird bei augenblicklich geschehenden oder vorübergehenden Handlungen verwendet:

Bu ara iyi çalış*abiliyorum.*   Zur Zeit kann ich gut arbeiten.

2. Die häufigste Anwendung erfolgt in Verbindung mit dem *-r*-Präsens (Aorist):

Yemek listesini getir*ebilir misiniz?*	Können Sie die Speisekarte bringen?
Mektup bugün yazıl*abilir.*	Der Brief kann heute geschrieben werden.
Peter çok güzel Türkçe konuş*abilir.*	Peter kann sehr gut Türkisch sprechen.
Pencereyi aç*abilirsiniz.*	Sie können das Fenster öffnen.

3. Die mit *-ebilmek* erweiterten Verbformen stehen auch für „dürfen":

Gazeteyi al*abilir miyim?*	Kann/darf ich die Zeitung nehmen?
Sizden bir şey rica ed*ebilir miyim?*	Darf ich Sie um etwas bitten?
Sinemaya gid*ebildin mi?*	Durftest du ins Kino gehen?

4. Die Möglichkeitsform der *Vergangenheit:*

Türkçe dersini iyi anla*yabildin mi?*   Konntest du den Türkischunter-
                                               richt gut verstehen?
Eski arabasını sat*abilmiş.*   Er hat sein altes Auto wohl
                                               verkaufen können.
Arabamızı sat*abiliyorduk.*   Gerade konnten wir unser Auto
                                               verkaufen.

5. Die Möglichkeitsform des *Futurs:*

Gelecek sene Türkiye'ye   Nächtes Jahr werde ich in die
gid*ebileceğim.*   Türkei fahren können.
İleride çok para kazan*abilecekler.*   Später werden sie viel Geld
                                               verdienen können.

6. Die Vergangenheit des Futurs entspricht in der Bedeutung der des
Aorist-Imperfekts *-ebilecektim/-ebilirdim:* „ich hätte … können“:

Bana sorsaydın, sana cevap   Hättest du mich gefragt, hätte ich
ver*ebilecektim/*ver*ebilirdim.*   dir anworten können.
Ali, Almanya'da iş bulabilseydi,   Wenn Ali in Deutschland Arbeit
burada kal*abilecekti/*kal*abilirdi.*   gefunden hätte, hätte er hier
                                               bleiben können.

7. Die Möglichkeitsform kann auch mit den Verbalnomen kombiniert
werden:

Ali pasaportunu bul*abildiğine*   Ali freut sich (darüber), daß er
seviniyor.   seinen Paß finden konnte.
Okulu bitir*ebildiğini* öğrendim.   Ich habe gehört, daß du die
                                               Schule hast beenden können.

Doğrusu Türkçeyi nasıl   Ehrlich gesagt, weiß ich nicht,
öğren*ebileceğimi* bilmiyorum.   wie ich Türkisch werde lernen
                                               können.

8. Die Möglichkeitsform der Notwendigkeitsform lautet *-ebilmeli* (können müssen). Sie kann durch *-dir* verstärkt werden:

Yarın okula gid*ebilmelisin.*   Du mußt morgen in die Schule
                                               gehen können.
Öğrenciler profesörle   Die Studenten müssen
konuş*abilmelidirler.*   (unbedingt) mit dem Professor
                                               sprechen können.

9. Tritt *-ebil/-abil* an einen verneinten Verbstamm, bekommt die Aussage die Bedeutung „hätte nicht müssen, nicht brauchen (zu)" oder „es kann sein, daß ...":

Bu konferansa git*meyebilirsiniz*.	Sie brauchen nicht zu dieser Konferenz zu fahren.
Yarın büroya gel*meyebilirim*.	Es kann sein, daß ich morgen nicht ins Büro komme.
Dün Özgür gel*meyebilirdi*.	Gestern hätte Özgür nicht zu kommen gebraucht.

DIE UNMÖGLICHKEITSFORM

In der Verneinung entfällt *bilmek*, und die Negation *me/ma* tritt an den durch *-e/-a* bzw. *-ye/-ya* erweiterten Stamm, darauf folgen die Tempussuffixe:

gel*eme*mek	nicht kommen können
kal*ama*mak	nicht bleiben können
gör*eme*mek	nicht sehen können
oku*yama*mak	nicht lesen können

Die Betonung liegt bei allen Konjugationen stets auf *-e/-a* (bzw. *-ye/-ya*).

Konjugation

Präsens	gel*emi*yorum		ich kann nicht kommen
	gel*emi*yorsun		du kannst nicht kommen
	usw.		
Aorist	gel*eme*m	anla*yama*m	ich kann nicht kommen/ verstehen
	gel*eme*zsin	anla*yama*zsın	
	gel*eme*z	anla*yama*z	
	gel*eme*yiz	anla*yama*yız	
	gel*eme*zsiniz	anla*yama*zsınız	
	gel*eme*zler	anla*yama*zlar	
Perfekt	gel*eme*dim		ich habe nicht kommen können
	gel*eme*din		

Futur	gele*meyeceğ*im*	ich werde nicht kommen können
	gele*meyecek*sin	

*ausgesprochen: gelem*i*yeceğim/ alm*ı*yacaksın!

Frageform

Präsens	gele*miyor mu*yum?	kann ich nicht kommen?
	gele*miyor mu*sun?	
Aorist	gele*mez mi*yim?	kann ich nicht kommen?
	gele*mez mi*sin?	
Perfekt	gele*medi*m *mi?*	habe ich nicht kommen können?
	gele*medi*n *mi?*	
Futur	gele*meyecek mi*yim?	werde ich nicht kommen können?
	gele*meyecek mi*sin?	

Gebrauch

1. Die Unmöglichkeitsform wird im Türkischen häufiger als im Deutschen gebraucht und drückt eine physische Fähigkeit aus. Eine erworbene Fähigkeit hingegen wird entweder durch den Aorist (siehe Seite 100 ff.) oder durch Umschreibung wiedergegeben. Oft kann die Unmöglichkeitsform mit „leider" wiedergegeben werden:

Kardeşinizi gör*eme*dim.	Ich habe Ihren Bruder leider nicht gesehen.
Kaybolan kitabı bul*ama*dık.	Wir haben das verlorene Buch leider nicht gefunden.
Dün akşam annem gel*eme*di.	Meine Mutter konnte gestern abend leider nicht kommen.

2. Die Unmöglichkeitsform im -*yor*-Präsens ist ebenfalls selten und wird (wie oben) für augenblicklich geschehende oder vorübergehende Handlungen verwendet:

Şimdi gel*emiyor*um.	Ich kann jetzt nicht kommen.
Biraz daha kal*amıyor* musun?	Kannst du nicht noch etwas bleiben?

3. Die Verwendung im *Aorist* ist dagegen häufig:

Seni görmüş ol*amaz.*	Er kann dich nicht gesehen haben.
Seni görmemiş ol*amaz.*	Es kann nicht sein, daß er dich nicht gesehen hat.
Size bu kadar para ver*emem.*	So viel Geld kann ich euch nicht geben.

4. Die Vergangenheit des Aorist lautet in der Unmöglichkeitsform *-emezdi/-amazdı*. Sie kann auch durch die des Futurs *-emeyecekti/-amaya-caktı* ersetzt werden und entspricht im Deutschen „hätte nicht ... können":

Dün gel*emezdi*m.	Gestern hätte ich nicht kommen können.
Param olmamış olsaydı araba al*amazdı*m/al*amayacaktı*m.	Wenn ich kein Geld gehabt hätte, hätte ich kein Auto kaufen können.

Die Möglichkeits- bzw. Unmöglichkeitsform in Bedingungssätzen

Die Möglichkeitsform lautet:

im realen Konditional	*-ebilirse**	wenn er/sie kann
im Potentialis	*-ebilse*	wenn er/sie könnte
im Irrealis	*-ebilseydi*	wenn er/sie hätte ... können

*Beachte: Zeitschema in Bedingungssätzen (siehe Seiten 148 und 155)

Gebrauch

Für die Anwendungsregeln in Bedingungssätzen siehe Konditional (Seiten 146 und 148)!

Mektubu yaz*abilirse*n iyidir.	Wenn Du den Brief schreiben kannst, ist es gut.
İyi Türkçe konuş*abilse*m İstanbul'da okuyacağım.	Wenn ich gut Türkisch sprechen könnte, würde ich in Istanbul studieren.
Dün akşam vaktinde gel*ebilseydi*n tiyatroya giderdik.	Wenn du gestern abend hättest kommen können, wären wir ins Theater gegangen.

Die Unmöglichkeitsform lautet:

im realen Konditional	gel*emiyorsa**	wenn er/sie nicht kommen kann
	gel*emezse*	wenn er/sie nicht kommen kann
im Potentialis	gel*emese*	wenn er/sie nicht kommen könnte
im Irrealis	gel*emeseydi*	wenn er/sie nicht hätte kommen können

**Beachte:* Zeitschema in Bedingungssätzen (siehe Seiten 148 und 155)

Gebrauch

Ben gel*emiyorsa*m, siz yalnız çıkın.	Falls/wenn ich nicht kommen kann, geht einfach alleine aus.
Sen gel*emezsen*, biz de evde kalacağız.	Falls du nicht kommen kannst, bleiben wir auch zu Hause.
Gel*emesem*, telefon ederdim.	Falls ich nicht kommen könnte, würde ich anrufen.
Dün sizi gör*emeseydi*m, bugün sizi ziyaret ederdim.	Falls ich euch gestern nicht hätte sehen können, hätte ich euch heute besucht.

Der reale Konditional (Wirkliche Bedingungsform)

Die wirkliche Bedingungsform des Hilfsverbs sein
(Personalendungen)

bejaht	verneint	fragend	fragend-verneint
isem	değilsem	isem mi?	değilsem mi?
isen	değilsen	isen mi?	değilsen mi?
ise	değilse	ise mi?	değilse mi?
isek	değilsek	isek mi?	değilsek mi?
iseniz	değilseniz	iseniz mi?	değilseniz mi?
iseler	değilseler	iseler mi?	değilseler mi?
	değillerse*		değillerse mi?

*In der 3. Person Plural gibt es zwei Formen, wobei die erste gebräuchlicher ist.

Das Bedingungssuffix unterliegt der kleinen Vokalharmonie und wird – wenn es nicht besonders betont werden soll – mit dem vorangehenden Wort verbunden:

– nach *konsonantischem* Auslaut verliert es seinen ersten Vokal;

– nach *vokalischem* Auslaut verwandelt es seinen ersten Vokal in *y:*

güzel *isem*	güzel*sem*	wenn ich hübsch bin
çalışkan *isen*	çalışkan*san*	wenn du fleißig bist
üzgün *ise*	üzgün*se*	wenn er/sie traurig ist
yorgun *isek*	yorgun*sak*	wenn wir müde sind
hasta *iseniz*	hasta*ysanız*	wenn Sie krank sind
güçlü *iseler*	güçlü*yseler*	wenn sie stark sind

Die Verneinung lautet:

| güzel *değilsem* | wenn ich nicht hübsch bin |
| çalışkan *değilsen* | wenn du nicht fleißig bist |

Gebrauch

Das Bedingungssuffix kann mit Substantiven, Adjektiven und Pronomen kombiniert werden. Für den Gebrauch der Zeiten siehe Zeitschema (siehe unter Gebrauch der Vollverben, Seite 155):

Tatilde*yse*m okulu düşünmem.	Wenn ich in den Ferien bin, denke ich nicht an die Schule.
Bugün hasta*ysan*, sinemaya gitme.	Wenn du heute krank bist, geh nicht ins Kino.
Hava güzel*se*, bir vapur gezintisi yapalım.	Wenn das Wetter schön ist, laßt uns einen Schiffsausflug machen.
Hazır*sak* çıkalım.	Wenn wir fertig sind, gehen wir.
Hasta*ysanız* evde kalın.	Wenn Sie krank sind, bleiben Sie zu Hause.
Yorgun değil*ser* dağa çıkalım.	Wenn sie nicht müde sind, laßt uns auf den Berg steigen.
Annemler sizde*yse* ben de geliyorum.	Wenn meine Eltern bei euch sind, komme ich auch.

Die wirkliche Bedingungsform von var **und** yok

Der *Konditional* von *var* und *yok* (Entsprechung für „haben" und „nicht haben") ist nur in der 3. Person Singular in Verbindung mit einem Substantiv mit Possessivendung gebräuchlich (in den anderen Personen bedeutet es das Existieren, z.B. *varsam* „wenn es mich gibt, wenn ich existiere"):

var*sa**	wenn er/sie hat	yok*sa*	wenn er/sie nicht hat

*Die unverbundene Version ist ebenfalls möglich: *var ise*.

Vakt*im varsa* size gelerim.	Falls/wenn ich Zeit habe, komme ich zu euch.
İş*in varsa* yarın uğrarım.	Wenn du zu tun hast, schaue ich morgen vorbei.
Çok para*sı yoksa* yeni bir araba alamayacak.	Wenn er nicht viel Geld hat, wird er kein neues Auto kaufen können.
Para*mız yoksa*, sinemaya gidemeyiz.	Wenn wir kein Geld haben, können wir nicht ins Kino gehen.
Televizyon*unuz yoksa* Türk filmi seyredemezsiniz.	Wenn Sie (ihr) keinen Fernseher haben (habt), können Sie (könnt ihr) den türkischen Film nicht sehen.
Çocukları *yoksa* çok yazık.	Wenn sie keine Kinder haben, ist das sehr schade.

Der reale Konditional beim Vollverb (mit Tempussuffix)

Bei Vollverben tritt -*se/sa* zwischen das Zeitsuffix und die Personalendung. Auch die unverbundene Form kann zur Betonung gebraucht werden, ist aber selten (geliyor isem):

Präsens	geliyor*sam*	wenn ich komme
Aorist	gelir*sem*	wenn ich komme
Perfekt	geldi*ysem*	wenn ich gekommen bin
	geldim*se**	
-miş-Verg.	gelmiş*sem*	wenn ich gekommen sein sollte
Futur	gelecek*sem*	wenn ich kommen werde

*Beim Perfekt kann *ise* auch nach den Personalendungen gesetzt werden.

Präsens		Aorist	
geli*yor*sam	gel*mi*yorsam	gel*ir*sem	gel*mez*sem
geli*yor*san	gel*mi*yorsan	gel*ir*sen	gel*mez*sen
geli*yor*sa	gel*mi*yorsa	gel*ir*se	gel*mez*se
geli*yor*sak	gel*mi*yorsak	gel*ir*sek	gel*mez*sek
geli*yor*sanız	gel*mi*yorsanız	gel*ir*seniz	gel*mez*seniz
geli*yor*salar	gel*mi*yorsalar	gel*ir*seler	gel*mez*seler
geli*yor*larsa	gel*mi*yor*larsa	gel*ir*lerse	gel*mez*lerse

Perfekt		(zwei Möglichkeiten!)	
ald*ıy*sam	al*madıy*sam	ald*ı*msa	al*madı*msa
ald*ıy*san	al*madıy*san	ald*ı*nsa	al*madı*nsa
ald*ıy*sa	al*madıy*sa	ald*ıy*sa	al*madıy*sa
ald*ıy*sak	al*madıy*sak	ald*ı*ksa	al*madı*ksa
ald*ıy*sanız	al*madıy*sanız	ald*ı*nızsa	al*madı*nızsa
ald*ıy*salar	al*madıy*salar	ald*ı*larsa	al*madı*larsa

-*miş*-Vergangenheit		Futur	
gör*müş*sem	gör*memiş*sem	oku*ya*caksam	oku*maya*caksam
gör*müş*sen	gör*memiş*sen	oku*ya*caksan	oku*maya*caksan
gör*müş*se	gör*memiş*se	oku*ya*caksa	oku*maya*caksa
gör*müş*sek	gör*memiş*sek	oku*ya*caksak	oku*maya*caksak
gör*müş*seniz	gör*memiş*seniz	oku*ya*caksanız	oku*maya*caksanız
gör*müş*seler	gör*memiş*seler	oku*ya*caksalar	oku*maya*caksalar
gör*müş*lerse	gör*memiş*lerse	oku*ya*caklarsa	oku*maya*caklarsa

---

> Gebrauch

1. Für die Anwendung des Konditionals gilt folgendes *Zeitschema:*

	Bedingungssatz	Hauptsatz
Gegenwart	*-yorsa*	*-r, -yor, -ecek*
	-rse	*-r, -ecek, -elim, Imperativ*
Vergangenheit	*-diyse*	*-r, -rdi, -di, -ecek, -meli*
	-mişse	*-r, -rdi, -ecek*
Zukunft	*-ecekse*	*-r, -ecek*
	-ecek olursa	*-r, -miş olur, -miş olacak*

Gülay bizimle gelmek isti*yor*sa acele et*sin.*	Wenn Gülay mit uns mitkommen will, soll sie sich beeilen.
Türkiye'ye gider*sem* Bursa'ya da uğra*rım.*	Wenn ich in die Türkei fahre, besuche ich auch Bursa.

Tatilde iş bulu*rsa*n, para biriktir*ecek*sin.	Wenn du in den Ferien eine Arbeit findest, wirst du Geld sparen können.
Formüleri doldurma*dınız*sa, hemen doldur*un!*	Wenn Sie das Formular (noch) nicht ausgefüllt haben, füllen Sie es sofort aus!
Kaç mektup yaz*dıy*sa, cevapsız bırak*tı.*	Wieviele Briefe er auch geschrieben hat, (alle) blieben unbeantwortet.
İyi bir şey isti*yorsa*n haliyle biraz fazla ver*ecek*sin.	Wenn du etwas Gutes willst, mußt du zwangsläufig etwas mehr ausgeben (bezahlen).
Annenize söyle, bu kitabı okuma*mış*sa, mutlaka oku*sun!*	Sagt eurer Mutter, wenn sie das Buch nicht gelesen hat, soll sie es unbedingt lesen!
Gelemey*eceklerse*, söyle*sinler.*	Wenn sie nicht kommen werden/wollen, sollen sie es sagen!
Sınavı ver*mişse* üniversiteye gir*er.*	Wenn er die Prüfung bestanden hat, besucht er die Universität.
İzmir'e gel*ecek ol*ur*sa*nız, bize de buyur*un.*	Falls Sie einmal nach Izmir kommen sollten, besuchen Sie doch auch uns!

2. Wird der Konditional mit *de/da* kombiniert, erhält der Satz eine *konzessive* Bedeutung („auch wenn"):

Beni anla*mış*san *da* bir cevap veremezsin.	Auch wenn du mich verstanden hast, kannst du mir keine Antwort geben.

3. Der Konditional des *Futurs* bedeutet auch „wenn ich im Begriff bin zu ..." / „wenn ich die Absicht habe, zu ...":

Bir şey yap*acaksa*m, iyi hazırla*rı*m.	Wenn ich die Absicht habe, etwas zu tun, dann bereite ich mich gut darauf vor.
Kim gel*ecekse* gel*sin.*	Wer immer auch kommen will, er soll kommen.

4. Der Konditional kann im *Präsens* mit *-yor* stehen und drückt dann eine gerade geschehende oder unmittelbar bevorstehende Handlung aus. Er wird aber meist mit dem *Aorist* gebildet:

Başınız ağrı*yorsa*, biraz açık havaya çık*alım*.	Wenn Sie Kopfweh haben, wollen wir ein wenig an die frische Luft gehen!
Eğer sinemaya gitm*iyorsa*n yemeğe bir yere çıkabili*ri*z.	Wenn du nicht ins Kino gehst, können wir zum Essen irgendwo hingehen.
Ne yapmak iste*rse*niz, yap*ın!*	Was Sie auch machen möchten, tun Sie es!
Gele*mezse*m, size muhakkak haber veri*ri*m.	Wenn ich nicht kommen kann, gebe ich ganz bestimmt Nachricht.

5. Der Konditional kann mit der Verstärkung *eğer* oder *şayet* (falls/ wenn) eingeleitet werden:

Eğer (şayet) hava güzel olu*rsa*, yarın dağa çıkabili*ri*z.	Wenn das Wetter schön wird, können wir morgen auf den Berg steigen.

6. Der Konditional der *Notwendigkeitsform: gelmeliysem* (wenn ich kommen muß/soll), *gelmemeliysem* (wenn ich nicht kommen muß/soll):

Bir şey yapıl*malıysa*, çabuk yapıl*sın*.	Wenn etwas getan werden muß, so soll es schnell getan werden.
Orada sigara içme*meliyse*m gel*me*m.	Wenn ich dort nicht rauchen darf, komme ich nicht.
Gülay Almanca öğren*meliyse* kursa git*sin*.	Wenn Gülay Deutsch lernen muß, soll sie einen Kurs besuchen.

7. Der Konditional kann auch durch Umschreibung der Notwendigkeitsform erfolgen:

Doktora gitmem *gerekse/lazımsa* gide*ri*m. (gerek değilse)	Wenn ich zum Arzt gehen muß, dann gehe ich (wenn es nötig ist …).
Sana para *lazımsa*, çalış!	Wenn du Geld brauchst, dann arbeite!
Peter Türkçe öğrenmeye *mecbursa*, bir kursa gide*r* (verneint: *mecbur olmazsa*).	Wenn Peter Türkisch lernen muß, wird er einen Kurs besuchen. (wenn er … nicht muß/gezwungen ist).
Ali çalışmak *zorundaysa/ durumdaysa* yapar.	Wenn Ali zu arbeiten gezwungen ist, tut er es.

8. Der Konditional kann auch an Vollinfinitive mit dem Lokativ oder Ablativ treten:

Çalış*maktaysanız* rahatsız etmey*elim.*	Wenn Sie gerade beim Arbeiten sind, wollen wir nicht stören.
Dışarıda bekle*mektense* eve dön*eyim.*	Anstatt draußen zu warten, kehre ich lieber ins Haus zurück.

DER IRREALE KONDITIONAL (UNWIRKLICHE BEDINGUNGSFORM)

Das Hilfsverb sein

Potentialis

Im Türkischen ist zu unterscheiden zwischen dem *Potentialis* (Modus der Möglichkeit) und dem *Irrealis* (Modus der Unmöglichkeit; s.u.). Der Sinn des Potentialis ist die Vorstellung, daß etwas geschehen könnte, ohne über die Tatsächlichkeit oder Unmöglichkeit etwas auszusagen. Die Annahme oder Vorstellung könnte jedoch zur Realität werden.

Für *sein* und *haben* steht *olmak:*

bejaht	verneint	fragend	fragend-verneint
ol*sam**	ol*masam**	ol*sam mı?**	ol*masam mı?**
ol*san*	ol*masan*	ol*san mı?*	ol*masan mı?*
ol*sa*	ol*masa*	ol*sa mı?*	ol*masa mı?*
ol*sak*	ol*masak*	ol*sak mı?*	ol*masak mı?*
ol*sanız*	ol*masanız*	ol*sanız mı?*	ol*masanız mı?*
ol*salar*	ol*masalar*	ol*salar mı?*	ol*masalar mı?*
*wenn ich wäre	*wenn ich nicht wäre	*wenn ich nun wäre?	*wenn ich nun nicht wäre?

Irrealis

Der *Irrealis* beinhaltet einen hypothetischen, nicht wirklichen Gedanken. Der Nachsatz drückt aus, was eingetroffen wäre, wenn der Gedanke des Irrealissatzes Tatsache wäre. Der Irrealis wird auch als *Vergangenheit des irrealen Konditionals* bezeichnet. Er wird mit *-idi* gebildet:

bejaht	verneint	fragend	verneint-fragend
olsaydım*	olmasaydım*	olsa mıydım?*/**	olmasa mıydım?*/**
olsaydın	olmasaydın	olsa mıydın?	olmasa mıydın?
olsaydı	olmasaydı	olsa mıydı?	olmasa mıydı?
olsaydık	olmasaydık	olsa mıydık?	olmasa mıydık?
olsaydınız	olmasaydınız	olsa mıydınız?	olmasa mıydınız?
olsaydılar	olmasaydılar	olsa mıydılar?	olmasa mıydılar?
olsalardı	olmasalardı		

   *wenn ich   *wenn ich nicht   *hätte ich ...   *hätte ich nicht
   gewesen wäre   gewesen wäre   sein sollen?   ... sein sollen?
**Hier gibt es wieder zwei Möglichkeiten: olsam mıydı? olmasam mıydı?

Merke: Zur stärkeren Betonung kann die Form auch getrennt geschrieben werden: *olsa idim.*

Der Irrealis auf -imiş

hat die gleiche Bedeutung wie jener mit -*idi.* Gebraucht wird er vor allem, wenn die übergeordneten Verben in der *unbestimmten Vergangenheit (-miş)* stehen (s. a. -*miş*-Vergangenheit, Seite 112 ff.). Er wird regelmäßig gebildet, also *olsaymışım, olsaymışsın, olsaymış* usw. (Wenn ich gewesen wäre/sein soll ...):

Ali hasta olma*saymış,* bu işi yapacağını söyle*miş.*	Ali soll gesagt haben, daß er die Arbeit würde machen können, wenn er nicht krank wäre.

Gebrauch

1. Für die Anwendung der Zeiten siehe unten (Seite 155 „Gebrauch beim Vollverb"). Der *Potentialis* gibt eine Annahme oder Vorstellung wieder, die zur Realität werden kann:

evde ol*sam* / ol*masa*m	falls ich zu Hause sein sollte/nicht sein sollte
hasta ol*sam*	wenn ich krank wäre
vaktim ol*sa* / ol*masa*	wenn ich Zeit hätte/nicht hätte

2. Wenn *de/da* oder *bile* nachgesetzt wird, erhält der Satz die Bedeutung „wenn auch" bzw. „sogar wenn":

Hasta *olsam da* okula giderdim.	Auch wenn ich krank wäre, würde ich zur Schule gehen.
Evde *olsa*n sana uğrardım.	Wenn du zu Hause gewesen wärest, wäre ich vorbeigekommen.
Zengin *olsa bile* seyahat etmezdi.	Sogar wenn er reich wäre, würde er nicht reisen.

3. Die Kombination *olsa gerek* steht für „müßte sein (wahrscheinlich)":

Ali evde *olsa gerek.*	Ali müßte zu Hause sein.
Sizi tanımıyor *olsa gerek.*	Er kennt Sie aller Wahrscheinlichkeit nach nicht.
Sizi tanımamış *olsa gerek.*	Er hat Sie wahrscheinlich nicht erkannt.

4. Die Formen *nasıl olsa* (ohnehin) und *ne de olsa* (immerhin):

Nasıl olsa ben sana gelecektim.	Ohnehin wäre ich zu dir gekommen.
Ne de olsa ona çok para verdik.	Immerhin haben wir ihm sehr viel Geld gegeben.

5. Idiomatische Redewendungen mit *olsa ... olsa:*

Arabanın tamiri *olsa olsa* yüz mark olur.	Die Reparatur des Wagens kann höchstens/bestenfalls hundert Mark betragen.

6. Beim Gebrauch von *olsaydı* ist es nicht möglich, den irrealen Konditional der Gegenwart von dem der Vergangenheit zu unterscheiden: Die genaue Zeitstufe muß dem Zusammenhang entnommen werden oder durch temporale Zusätze klargestellt werden (eindeutige Abgeschlossenheit wird durch *-miş olsa* oder *-miş olsaydı* wiedergegeben (siehe Seite 154 ff.).

Zengin *olsaydı* bol bol seyahat ede*rdi.*	Wenn er reich wäre, würde er sehr viel reisen.
Hasta *olmasaydı*m doktora git*mezdi*m.	Wenn ich nicht krank wäre, würde ich nicht zum Arzt gehen.
Bugün hava iyi *olsaydı* piknik yapa*rdı*k.	Wenn das Wetter heute schön wäre, würden wir picknicken (gehen).

| *Dün* hava iyi *olsaydı* piknik yap*ardı*k. | Wenn gestern das Wetter schön gewesen wäre, wären wir picknicken gegangen. |

Der irreale Konditional der Vollverben (ohne Tempussuffix)

Beim *Potentialis* steht das Suffix *-se/-sa* direkt am Verbstamm. Die Personalendung wird ohne eigenen Vokal angeschlossen:

bejaht	verneint	fragend	fragend-verneint
gel*se*m*	gel*me*sem**	gel*se*m *mı*?***	gel*me*sem *mı*?****
gel*se*n	gel*me*sen	gel*se*n *mı*?	gel*me*sen *mı*?
gel*se*	gel*me*se	gel*se* *mı*?	gel*me*se *mı*?
gel*se*k	gel*me*sek	gel*se*k *mı*?	gel*me*sek *mı*?
gel*se*niz	gel*me*seniz	gel*se*niz *mı*?	gel*me*seniz *mı*?
gel*se*ler	gel*me*seler	gel*se*ler *mı*?	gel*me*seler *mı*?

  *käme ich, sollte ich kommen, falls ich komme
  **käme ich nicht, sollte ich nicht kommen, falls ich nicht komme
 ***wie wäre es, wenn ich käme? soll ich kommen?
****wie wäre es, wenn ich nicht käme? soll ich nicht kommen?

al*sa*m*	al*ma*sam	al*sa*m *mı*?	al*ma*sam *mı*?
al*sa*n	al*ma*san	al*sa*n *mı*?	al*ma*san *mı*?
al*sa*	al*ma*sa	al*sa* *mı*?	al*ma*sa *mı*?
al*sa*k	al*ma*sak	al*sa*k *mı*?	al*ma*sak *mı*?
al*sa*nız	al*ma*sanız	al*sa*nız *mı*?	al*ma*sanız *mı*?
al*sa*lar	al*ma*salar	al*sa*lar *mı*?	al*ma*salar *mı*?

*nähme ich, sollte ich nehmen, falls ich nehme.

Das Suffix *-se* unterliegt der kleinen Vokalharmonie. Die Betonung liegt bei den positiven Verben auf *-se/-sa* und bei den verneinten Verben auf der ersten Silbe.

Der irreale Konditional der Vergangenheit und des Futurs

wird gebildet aus den Partizipien *-miş* oder *-ecek* und der irrealen Konditionalform von *olmak, olsa:*

gel*miş ol*sam	wenn ich gekommen wäre
gel*miş ol*saydım	wenn ich gekommen wäre
al*mış ol*sam	wenn ich genommen hätte

almış olsaydım	wenn ich genommen hätte
gelecek olsam	wenn ich kommen würde/sollte
gelecek olsaydım	wenn ich hätte kommen wollen/ sollen

Gebrauch

1. Für die Anwendung des *irrealen Konditionals* gilt folgendes *Zeitschema:*

	Konditionalsatz	Hauptsatz
Gegenwart	-se	-r, -rdi
Vergangenheit	-seydi	-rdi, -ecekti
	-seymiş	-rmiş
	-miş olsaydı	-rdi, -miş olurdu, -miş olacaktı
Zukunft	-ecek olsa	-r
	-ecek olsaydı	-rdi, -ecekti, -miş olurdu

2. Der *Potentialis* drückt einen Sachverhalt aus, der geschehen könnte, ohne aber über die Tatsächlichkeit oder Unmöglichkeit etwas auszusagen:

Münasip bir park yeri bul*sam* dur*ur*um.	Sollte ich einen geeigneten Parkplatz finden, halte ich an.
Yarın bize gel*se* kitabı getir*irdi*.	Falls er morgen zu uns kommt, sollte er das Buch mitbringen.
Yağmur yağma*sa*, parka kadar gide*rdik*.	Wenn es nicht regnen würde, würden wir bis zum Park gehen.

3. Wird die unwirkliche Bedingungsform mit *keşke* (wenn doch) oder mit *bari* (wenigstens) eingeleitet, entstehen Wunschsätze:

Keşke gel*se!*	Wenn er/sie doch käme!
Bari bir mektup gel*se!*	Wenn doch wenigstens ein Brief käme!

4. Wenn *de/da* oder *bile* nachgestellt wird, erhält der Satz die Bedeutung „wenn auch" bzw. „sogar/selbst wenn":

Vaktim ol*sa da* gelmem.	Auch wenn ich Zeit hätte, käme ich nicht.

Ayla şimdi gel*se bile*, artık çok geç.　　Selbst wenn Ayla jetzt käme, ist es
　　　　　　　　　　　　　　　　nun zu spät.
Koş*sam* da, vapura yetişe*mem*.　　　Wenn ich auch liefe, das Schiff
　　　　　　　　　　　　　　　　kann ich nicht erreichen.

5. Wenn eine zweite Form mit -*se* folgt, entspricht vorausgehendes
-*se de* dem Sinn „wenn doch":

Ali gel*se de* yemeğe çık*sak*!　　　Wenn Ali doch käme und wir
　　　　　　　　　　　　　　　　Essen gingen!

6. In Konditionalsätzen mit *de/da* oder *mi* in Verbindung mit der Wiederholung desselben Verbs (wobei die zweite Verbform verneint sein
kann) entstehen Aussagen, die im Deutschen „ob ... oder" entsprechen:

Mektubu şimdi yaz*sam da*　　　　Ob ich den Brief jetzt schreibe
yaz*masam da* yarından önce　　　oder nicht, ich kann vor morgen
postaneye gidemem.　　　　　　　nicht zur Post gehen.
Güher'e *mi* uğra*sam* Süher'e　　Ob ich bei Güher oder bei Süher
mi uğra*sam* bilmiyorum.　　　　vorbeischaue, weiß ich nicht.

7. Konditionalsätze mit Fragewörtern wie *kim, hangi, nasıl, ne* usw.
geben immer einen verallgemeinernden Sinn wieder. Zur Verstärkung
kann *her* hinzugefügt werden:

Her ne yap*sam*, başarı　　　　　Was ich auch immer tue, ich habe
sağlayamıyorum.　　　　　　　　keinen Erfolg.
Her ne kadar paranız ol*sa da*,　Wieviel Geld Sie auch haben
evimi satmam.　　　　　　　　　mögen, mein Haus verkaufe ich
　　　　　　　　　　　　　　　　nicht.
Her nasılsa söylemiş oldun.　　　Wie auch immer, du hast es nun
　　　　　　　　　　　　　　　　mal gesagt.
Hangi işi teklif et*sem* kabul etmez.　Welche Arbeit ich auch vor-
　　　　　　　　　　　　　　　　schlage, er akzeptiert sie nicht.

8. Der irreale Konditional in Verbindung mit *mi, ne,* oder *nereye* gibt
Fragen wieder, die Unschlüssigkeit oder Ratlosigkeit ausdrücken.
Diese Form ist nur in der 1. Person gebräuchlich. Diese Sätze können
auch mit *acaba* oder *yoksa* ergänzt werden:

Bu yaz İtalya'ya git*sek mi*?　　　Ob wir diesen Sommer nach
　　　　　　　　　　　　　　　　Italien fahren sollten?

Akşama Ali'lere uğras*am mı?*	Ob ich gegen Abend bei Ali vorbeischauen soll?
Şimdi *ne* yaps*am?*	Was sollte/könnte ich jetzt wohl tun?
Yemeğe *acaba nereye* gits*ek?*	Wo sollten/könnten wir wohl zum Essen hingehen?
Yoksa yarın profesörle konuş*masak mı?*	Ob wir morgen nicht mit dem Professor reden sollen?

9. Die Frageform kann auch positiv und negativ nebeneinander verwendet werden und erhält dann die Bedeutung „wäre es besser, wenn …, oder nicht?":

Gels*em mi* iyi, gel*mesem mi?*	Wäre es besser, wenn ich käme oder wenn ich nicht käme?
Als*ak mı,* al*masak mı?*	Wäre es besser, wenn wir nähmen/kauften oder wenn wir nicht nähmen/kauften?

10. Wenn der Konditionalis in den 2. Personen mit der *Interjektion* -*e/-a* verbunden wird, erhält er imperative Bedeutung, die im Deutschen am besten mit „doch" wiedergegeben werden kann, wobei die Betonung auf -*se/sa* liegt:

Baks*ana!*	Schau doch mal!
Gels*ene!*	Komm doch mal her!
Kals*anıza!*	Bleiben Sie doch da!
Bağır*masanıza!*	Schreien Sie doch nicht so! / Schreit doch nicht so!

11. Die Kombination von -*se* und *gerek* steht für „vielleicht, müßte eigentlich":

Bu akşam gel*se gerek.*	Heute abend müßte er/sie eigentlich kommen.
	Vielleicht kommt er/sie heute abend.
	Heute abend dürfte er/sie wohl kommen.

12. Idiomatische Redewendungen mit *-se ... -se:*

Gel*sem* gel*sem* saat beş'te gelebilirim.	Ich kann bestenfalls um 5 Uhr kommen.
Ne yapılacağını bil*se* bil*se* annem bilir.	Was gemacht werden soll/muß, kann bestenfalls meine Mutter wissen. (… kann, wenn es jemand wüßte, …)
Arabanın tamiri ol*sa* ol*sa* yüz mark tutar.	Die Reparatur des Wagens kann höchstens hundert Mark kosten.

13. Mit dem *Irrealis* wird ein Sachverhalt bezeichnet, der auf jeden Fall als unwirklich erscheint und der häufig in der Vergangenheit liegt, sich aber auch auf die Gegenwart beziehen kann. Die genaue Zeitstufe muß dem Zusammenhang entnommen werden:

Seni gör*seydi*m kalı*rdı*m.	Wenn ich dich gesehen hätte, wäre ich geblieben.
Yağmur yağma*saydı*, parka kadar gid*ecekti*k.	Wenn es nicht geregnet hätte, wären wir bis zum Park gegangen.
Her kim söyle*mişse*, yanlış söyle*miş*.	Wer (es) auch immer gesagt hat, hat (es) falsch gesagt.
Bu kitabı oku*muş* ol*saydı*m, şimdi sana anlatı*rdı*m.	Wenn ich das Buch gelesen hätte, hätte ich es dir jetzt erzählt.
Öğrenci daha çok çalış*mış* olsaydı, dersi kolayca anla*yacaktı*.	Wenn der Schüler fleißig gelernt hätte, hätte er die Lektion leicht verstanden.

14. Der *Potentialis* bzw. *Irrealis (Konditional) der Vergangenheit* besteht aus dem Partizip *-miş* und *olsa* bzw. *olsaydı:*

Mektubumu daha al*mamışsan* hemen bir faks gönderi*yor*um.	Solltest du meinen Brief noch nicht erhalten haben, schicke ich sofort ein Fax.
Ye*memişseniz* bizimle birlikte yemenizi rica ede*rim*.	Sollten Sie noch nicht gegessen haben, bitte ich Sie, mit uns zusammen zu essen.
Kitabı oku*muş* ol*saydı*m yarın geri getiri*rdi*m.	Wenn ich das Buch gelesen (gehabt) hätte, würde ich es morgen zurückbringen.

15. *Potentialis* und *Irrealis* im *Futur*:

Bir daha İstanbul'a gel*ecek* ol*sa*m,   Falls ich noch einmal nach Istan-
ba*şka* bir otelde kal*ırdı*m.   bul kommen sollte, würde ich in
                                                 einem anderen Hotel wohnen.
Size gel*ecek* ol*saydı*, gel*irdi*.   Wenn er zu euch hätte kommen
                                                 wollen, dann wäre er gekommen.

DIE NOTWENDIGKEITSFORM (-MELI/-MALI)

Die Notwendigkeitsform wird durch Anhängung von *-meli/-malı* an
den Stamm und die Personalendung gebildet. Bei den ersten Personen wird der Füllkonsonant *y* eingefügt:

gelmek	almak	görmek	okumak
gel*meli*yim*	al*malı*yım*	gör*meli*yim*	oku*malı*yım*
gel*meli*sin	al*malı*sın	gör*meli*sin	oku*malı*sın
gel*meli*	al*malı*	gör*meli*	oku*malı*
gel*meli*yiz	al*malı*yız	gör*meli*yiz	oku*malı*yız
gel*meli*siniz	al*malı*sınız	gör*meli*siniz	oku*malı*sınız
gel*meli*ler	al*malı*lar	gör*meli*ler	oku*malı*lar
*ich muß/	*nehmen	*sehen	*lesen
soll kommen			

Die Betonung liegt auf *-li* (aber: -melilér).

Die *Verneinung* unterliegt der kleinen Vokalharmonie und steht zwischen Stamm und *-meli*:

gel*memeli*yim	ich darf/soll nicht kommen
al*mamalı*sın	du darfst nicht nehmen

Die *Frageform* lautet:

gel*meli* miyim?	muß ich kommen?
al*mamalı* mıyım?	darf/soll ich nicht nehmen?

Die *Vergangenheit* der Notwendigkeitsform:

gel*meli*ydim (gelmeli idim)   ich sollte kommen
al*malı*ydın (almalı idin)   du solltest nehmen

bejaht	verneint	fragend	fragend-verneint
gel*meliydim*	gel*memeliydim*	gel*meli miydim?*	gel*memeli miydim?*
gel*meliydin*	gel*memeliydin*	gel*meli miydin?*	gel*memeli miydin?*
gel*meliydi*	gel*memeliydi*	gel*meli miydi?*	gel*memeli miydi?*
gel*meliydik*	gel*memeliydik*	gel*meli miydik?*	gel*memeli miydik?*
gel*meliydiniz*	gel*memeliydiniz*	gel*meli miydiniz?*	gel*memeli miydiniz?*
gel*meliydiler*	gel*memeliydiler*	gel*meli miydiler?*	gel*memeli miydiler?*
gel*melilerdi*	gel*memelilerdi*	gel*meliler miydi?*	gel*memeliler miydi?*

Die Vergangenheit hat auch *konjunktivische* Bedeutung:

gel*meliydim*	ich hätte nicht kommen sollen

Die Notwendigkeitsform kann auch mit der *Vergangenheit* auf -*miş* gebildet werden:

gel*meliymişim* (gel*meli imişim*)	ich muß angeblich kommen, ich hätte angeblich kommen sollen
gel*memeliymişim*	ich darf angeblich nicht kommen, ich hätte angeblich nicht kommen dürfen

Gebrauch

1. Die *Notwendigkeitsform* drückt eine (oft moralische) Verpflichtung in der Gegenwart (im Sinne der Aoristverwendung) aus, die im Deutschen in bejahten Sätzen mit „müssen/sollen" und in verneinten Sätzen mit „nicht sollen/nicht dürfen" wiedergegeben wird. Die deutsche Entsprechung muß dem Kontext entnommen werden:

Eve git*meli*yim.	Ich muß (oder soll) nach Hause gehen.
Yemeğimi bitir*meli* miyim?	Muß/soll ich mein Essen aufessen?
Çabuk ol*malı*sın.	Du mußt dich beeilen.
Herkes çalış*malı*.	Jeder muß arbeiten.
Derse zamanında gel*meli*siniz.	Ihr müßt zum Unterricht pünktlich kommen.

Böyle bir şey söyleme*meli*sin.	So etwas darfst/sollst du nicht sagen.
Burada konuşma*malı*sınız.	An diesem Ort dürfen Sie nicht sprechen.

2. Die *Notwendigkeitsform* tritt häufig auch (in der 3. Person Singular) in der Bedeutung „man muß" auf:

Şunu da bil*meli*.	Auch das muß man wissen.
Şimdi Büyükada'ya git*meli*.	Man müßte jetzt nach Büyükada (Prinzeninsel) fahren.
Mektup bugün yazıl*malı*.	Der Brief muß heute geschrieben werden.
Konferansa git*meli mi, mi* git*memeli?*	Muß man zur Konferenz gehen oder nicht?

3. An *-meli* können auch die *Kopulas -dir* sowie *-ise* angehängt werden, wobei sich bei *-melidir* die Bedeutung verstärkt. Die Form *-meliyse* wird relativ selten gebraucht und normalerweise durch den *verkürzten Infinitiv* und *lazımsa, gerekirse* (siehe dort) ersetzt:

Herkes yedide hazır ol*malıdır*.	Jeder muß um sieben fertig sein.

4. In der *Kombination* mit *-idi* wird die Notwendigkeitsform mit „hätte" übersetzt, über das tatsächliche Geschehen aber nichts ausgesagt. Die Kombination mit *-imiş* dagegen kann sowohl in der Gegenwart als auch in der Vergangenheit gebraucht werden. Sie erhält dadurch entweder eine reale oder eine konjunktivische Bedeutung:

Daha açık konuş*malıydı*n.	Du hättest offen sprechen sollen.
Bizi demin gör*meliydiniz!*	Ihr hättet uns vorhin sehen müssen/sollen!
Annem doktora git*meli miymiş?*	Muß meine Mutter etwa zum Arzt gehen?
	Oder: Hätte meine Mutter etwa zum Arzt gehen müssen?
Evet, geçen hafta git*meliymiş*.	Ja, vergangene Woche hätte sie gehen müssen.

Ersatzformen für die Notwendigkeitsform

Die *Notwendigkeitsform* kann nur in den oben genannten Zeiten gebildet werden. Zur Wiedergabe der anderen Zeiten von „müssen" bieten sich folgende Verben bzw. Umschreibungen mit Hilfsverben meist arabischen Ursprungs an:

lazım olmak	notwendig, erforderlich sein
gerekmek	notwendig sein
zorunlu olmak	gezwungen sein
-mek zorunda olmak/kalmak	
icap etmek	
-e mecbur olmak	zu etwas gezwungen sein
-mek mecburiyetinde olmak/ bulunmak/kalmak	

Der Satz „ich muß gehen" kann dementsprechend mehrfach übersetzt werden:

1. Gitme*m lazım.*
2. Gitme*m gerek.*   } Mein Gehen ist nötig
3. Gitme*m icap ediyor.*
4. Gitme*ye mecburum.*   Ich bin zum Gehen genötigt.
5. Gitme*k zorundayım.*   Ich bin genötigt zu gehen.
6. Git*meliyim.*   Ich muß/soll gehen.

Alle diese Synonyme können mit der bestimmten Vergangenheit *-idi* verbunden werden und erhalten indikative Bedeutung im Gegensatz zu *-meli:*

1. Gitmem lazım*dı.*
2. Gitmem gerek*ti.*   } Ich habe gehen müssen.
3. Gitmem icap et*ti.*
4. Gitmeye mecbur*dum/* mecbur *idi*m.   Ich mußte gehen.
5. Gitmek zorunda*ydı*m/ zorunda *idi*m.   Ich habe gehen müssen.
aber:
6. Git*meliydi*m.*   Ich hätte gehen müssen/sollen.
*Die Notwendigkeitsform in der bestimmten Vergangenheit hat konjunktivische Bedeutung.

Die Notwendigkeitsform mit -*meli* kann kein *Futur* bilden und muß deshalb umschrieben werden:

Doktora gitmem lazım/ gerekli *olacak*.	Ich werde zum Arzt gehen müssen.
Doktora gitmen *gerekecek*.	Du wirst zum Arzt gehen müssen.
Doktora gitmesi icap *edecek*.	Er/Sie wird zum Arzt gehen müssen.
Okula gitmeye mecbur *olacağız*.	Wir werden in die Schule gehen müssen.
Okula gitmek zorunda *olacaksınız*.	Ihr werdet in die Schule gehen müssen.
İstanbul'da bir kaç gün daha geçirmek mecburiyetinde *kalacaklar*.	Sie werden noch einige Tage in Istanbul verbringen müssen (… gezwungen sein zu …).
Bize ekmek lazım *olacak*.	Wir werden Brot brauchen. (wörtlich: Uns wird Brot nötig sein.)

Die *Frageform* lautet:

in der Gegenwart	in der Vergangenheit
gelme*m lazım mı?**	gelme*m lazım mıydı?**
gelme*m gerek mi?*	gelme*m gerek miydi?*
gelme*m gerekiyor mu?*	gelme*m gerekti mi?*
gelme*m icap ediyor mu?*	gelme*m icap etti mi?*
gelme*ye mecbur muyum?*	gelme*ye mecbur muydum?*
gelme*k zorunda mıyım?*	gelme*k zorunda mıydım?*
*muß ich kommen?	*mußte ich kommen?

in der Zukunft

gelme*m lazım *gelecek mi?**
gelme*m gerekli *olacak mı?*
gelme*m gereke*cek mi?*
gelme*m icap ed*ecek mi?*
gelme*ye mecbur *olacak mıyım?*
gelme*k zorunda *kalacak mıyım?*
*werde ich kommen müssen?

Die *Verneinung*

in der Gegenwart	in der Vergangenheit
gelmem lazım *değil**	gelmem lazım *değildi**
gelmem gerekli *değil*	gelmem gerekli *değildi*
gelmem gerek*miyor*	gelmem gerek*medi*
gelmem icap et*miyor*	gelmem icap et*medi*
gelmeye mecbur *değilim*	gelmeye mecbur *değildim*
gelmek zorunda *değilim*	gelmek zorunda *değildim*
*ich muß nicht kommen	*ich mußte nicht kommen

in der Zukunft	fragend
gelmem lazım *olmayacak**	gelmem lazım *olmayacak mı?**
gelmem gerekli *olmayacak*	gelmem gerekli *olmayacak mı?*
gelmem gerek*meyecek*	gelmem gerek*meyecek mi?*
gelmem icap et*meyecek*	gelmem icap et*meyecek mi?*
gelmeye mecbur *olmayacak*	gelmeye mecbur *olmayacak mıyım?*
gelmek zorunda *olmayacak*	gelmek zorunda *olmayacak mıyım?*
*ich werde nicht kommen müssen	*werde ich kommen müssen?

Gebrauch

1. Die häufigste Verwendung zum Ausdruck der Notwendigkeitsform finden die Synonyme *gerek/lazım* (erforderlich/nötig sein) und das Vollverb *gerekmek:*

Türkçe kursuna gitmem *gerek/lazım.*	Ich muß in den Türkischkurs gehen.
Ali'nin çalışması *lazım.*	Ali muß arbeiten.
Elif'in bugün alışveriş etmesi *lazım değil.*	Elif muß heute nicht einkaufen.
Doktora gitmen *gerekiyor.*	Du mußt zum Arzt gehen.
Ayşe'nin bugün okula gitmesi *gerekmiyor.*	Ayşe muß heute nicht zur Schule gehen.
Sınavı vermek için daha çok çalışmam *gerekecek.*	Um die Prüfung zu bestehen, werde ich noch mehr arbeiten müssen.

2. *mecbur olmak* (genötigt sein) und *zorunda olmak* (gezwungen sein) verstärken die Notwendigkeit:

Daha çok çalışmaya *mecbur olacağım.*	Ich werde mehr arbeiten müssen./ Ich werde genötigt sein, noch mehr zu arbeiten.
Daha çok çalışmak *zorunda kalacağım.*	Ich werde gezwungen sein, noch mehr zu arbeiten.

3. *mecbur oldu* steht für eine nicht erwartete, plötzlich eingetretene und/oder vorübergehende Situation:

Dün beklenmedik misafir geldi ve evde kalmaya *mecbur oldu*m.	Gestern kam unerwartet Besuch, und ich war genötigt, zu Hause zu bleiben.
Birdenbire şiddetli bir yağmur yağmaya başladı ve beklemeye *mecbur oldu*m.	Plötzlich begann es heftig zu regnen, und ich war genötigt, zu warten.

4. Für *zorunda (mecburiyetinde) olmak* kann auch *kalmak* stehen:

Daha çok öğrenmek *zorunda kaldı*m.	Ich habe noch mehr lernen müssen.

5. Die Frageform kann auch mit *gerek* in Verbindung mit *var mı* gebildet werden. Das substantivierte Verb nimmt die Possessivendung an und steht im Dativ:

Gelme*me gerek var mı?*	Muß ich kommen? (wörtl.: Gibt es Bedarf an meinem Kommen?)

6. Die Formen *icap etmek* (nötig sein) und *mecburiyetinde olmak* (gezwungen sein) sind veraltet bzw. trifft man selten an:

Çalışmam *icap ediyor.*	Ich muß arbeiten.
Dün akşam erken gitmek *mecburiyetinde kaldı*m.	Gestern abend mußte ich früh gehen (war ich gezwungen, früh zu gehen).

7. Im Sinne der Notwendigkeit kann auch das Verb *ihtiyacı olmak* (brauchen) verwendet werden. Ebenso kann „brauchen" auch mit den Nomen *lüzum* (Notwendigkeit) und *gerek* (Bedarf) stehen:

Gelmeye *ihtiyacı*n yok.	Du brauchst nicht zu kommen.
Hemen gelmeni*zin gereği yok*.	Sie brauchen nicht gleich zu kommen. (Es besteht keine Erfordernis, daß Sie gleich kommen.)
Hemen ödemeni*zin lüzumu yok*.	Sie brauchen nicht gleich zu bezahlen. (Es besteht nicht die Notwendigkeit, daß Sie gleich bezahlen.)

VERBALNOMEN

Das Türkische besitzt ein *perfektisch-präsentisches* (-dik) und ein *futurisches* (-ecek) *Verbalnomen:*

Das perfektiv-präsentischeVerbalnomen (-dik)

Das perfektiv-präsentische Verbalnomen wird gebildet aus dem Stamm des Verbums und dem Suffix *-dik (-dık, -dük, -duk)*, nach harten Konsonanten *-tik (-tık, -tük, -tuk)*. Das Verbalnomen wird − bis auf einige versteinerte Formen (siehe unten) − mit dem Possessivsuffix verbunden, wobei zwischen zwei Vokalen das *k* zu *ğ* erweicht wird.

geldik	das Kommen, Gekommensein
geldiğim	mein Kommen, mein Gekommensein
verdik	das Gegebene, das Gegebenhaben
verdiğim	das von mir Gegebene; das, was ich gebe oder gegeben habe

Da im Türkischen nicht die *Zeit* des Geschehens, sondern die *Handlung* als wirklich geschehene oder als gegenwärtig geschehende betrachtet wird, gibt es nur eine Form für das Perfekt und das Präsens.

gelmek	almak	görmek	okumak
gel*diğ*im	al*dığ*m	gör*düğ*üm	oku*duğ*um
gel*diğ*in	al*dığ*n	gör*düğ*ün	oku*duğ*un
gel*diği*	al*dığ*ı	gür*düğ*ü	oku*duğ*u
gel*diğ*imiz	al*dığ*mız	gör*düğ*ümüz	oku*duğ*umuz
gel*diğ*iniz	al*dığ*nız	gör*düğ*ünüz	oku*duğ*unuz
gel*dik*leri	al*dık*ları	gör*dük*leri	oku*duk*ları

Der Ton liegt auf der Personalendung.

ver*diğ*im	das von mir Gegebene; das, was ich gebe/gegeben habe
ver*diğ*in	das von dir Gegebene; das, was du gibst/gegeben hast
ver*diği*	das von ihm/ihr Gegebene; das, was er/sie gibt/gegeben hat
ver*diğ*imiz	das von uns Gegebene; das, was wir geben/gegeben haben
ver*diğ*iniz	das von Ihnen/euch Gegebene; das, was ihr (Sie) gebt/gegeben habt
ver*dik*leri	das von ihnen Gegebene; das, was sie geben/gegeben haben

Die *Verneinung* unterliegt der kleinen Vokalharmonie auf *-me/-ma* und lautet:

ver*me*diğim	das von mir nicht Gegebene; das, was ich nicht gebe/gegeben habe
ver*me*diğin	das von dir nicht Gegebene; das, was du nicht gibst/gegeben hast
ver*me*diği	das von ihm/ihr nicht Gegebene; das, was er/sie nicht gibt/gegeben hat usw.
al*ma*dığı	
gör*me*diği	
oku*ma*dığı	

Das futurische Verbalnomen (-ecek)

Das futurische Verbalnomen wird analog zu dem perfektisch-präsentischen Verbalnomen mit dem Futursuffix *-ecek* und der Possessivendung gebildet und bezeichnet eine Handlung, die eintreten wird oder soll. Nach vokalischem Auslaut des Verbstammes wird der Füllkonsonant *y* eingefügt.

gelecek	das Kommende
geleceğim	mein Kommenwerden
verecek	das zu Gebende; das gegeben wird
vereceğim	das von mir zu Gebende; das, was ich geben werde, will oder soll

gelmek	almak	görmek	okumak
gel*eceğ*im*	al*acağ*ım	gör*eceğ*im	oku*yacağ*ım
gel*eceğ*in	al*acağ*ın	gör*eceğ*in	oku*yacağ*ın
gel*eceğ*i	al*acağ*ı	gör*eceğ*i	oku*yacağ*ı
gel*eceğ*imiz	al*acağ*ımız	gör*eceğ*imiz	oku*yacağ*ımız
gel*eceğ*iniz	al*acağ*ınız	gör*eceğ*iniz	oku*yacağ*ınız
gelecekleri	alacakları	görecekleri	okuyacakları

*Das Verbalnomen entspricht dem konjugierten Verb im Futur, wird durch seine Stellung im Satz aber klar identifizierbar, so daß eine Verwechslung nicht möglich ist.

Die *Verneinung* lautet: gel*me*yeceğim (ausgesprochen: gelm*i*yeceğim!) mein Nichtkommenwerden (= ich werde nicht kommen)

Gebrauch

Die Verbalnomen können sowohl als *Adjektive* wie auch als *Substantive* gebraucht werden und vertreten Relativ- und daß-Sätze. Ob das Verbalnomen eine perfektische oder präsentische Bedeutung annimmt, muß der Satzzusammenhang entscheiden.

1. Adjektivisch gebrauchte Verbalnomen stehen vor dem Substantiv. Der Satz wird als Relativsatz übersetzt. Aus den Possessivendungen sind die Personen eindeutig ersichtlich, die im Relativsatz als Subjekt handeln:

aldığı hediye	das Geschenk, *das er/sie* erhalten hat
aldığım hediye	das Geschenk, *das ich* erhalten habe
aradığı para	das Geld, *das er* sucht/gesucht hat
geleceği adam	der Mann, *der* kommen wird/soll
vereceğin kitap	das Buch, *das du* geben wirst/sollst
Görüştüğü adam kim?	Wer ist der Mann, *mit dem er* spricht/gesprochen hat?
Gördükleri kız ağladı.	Das Kind, *das sie* sahen, hat geweint.
Okuduğum gazete dünündür.	Die Zeitung, *die ich* lese, ist von gestern.
Yardım ettiği çocuk hasta mı?	Ist das Kind, *dem er* geholfen hat, krank?
Çicek getir*eceğin* kız nerede?	Wo ist das Mädchen, *dem du* Blumen bringen willst?
Beraber götür*meyeceğiniz* kitaplar bizde kalın.	Lassen Sie die Bücher, *die Sie* nicht werden mitnehmen können, bei uns.

2. Das Verbalnomen kann ein *eigenes Subjekt* zu sich nehmen, das dann im *Genitiv* stehen muß (es geht also eine lose Substantivverbindung ein):

Amcam*ın oturduğu* ev eskidir.	Das Haus, das mein Onkel bewohnt, ist alt. (Das von meinem Onkel bewohnte Haus ist alt.)
Gülay'*nın bindiği* tren hangisi?	Welches ist der Zug, in den Gülay einsteigt/eingestiegen ist?
Ali'*nin* Almanca *öğrendiği* belli.	Es ist klar, daß Ali Deutsch lernt/gelernt hat.
Arkadaşım*ın alacağı* araba yepyeni.	Das Auto, das mein Freund kaufen wird, ist ganz neu.

3. Das Verbalnomen kann als *Substantiv* gebraucht und entsprechend dekliniert werden:

– im Nominativ:

İste*diği*m bu idi.	Das war es, was ich wollte.
Türkçe kursuna git*tiği*n beni çok sevindirdi.	Daß du einen Türkischkurs besuchst, erfreut mich sehr. (Dein Gehen zu einem Türkischkurs …)
Seç*tiği*miz hediye nerede?	Wo ist das Geschenk, das wir ausgewählt haben?
Göre*ceği*niz film nasıl?	Wie ist der Film, den Sie sehen wollen?
Ayşe'yle buluş*acakları* yer pek uzak değil.	Der Ort, an dem sie sich mit Ayşe treffen werden, ist nicht sehr weit weg.

– im Genitiv:

Ali'nin geldi*ğinin* haber*i*ni aldık.	Wir haben davon Nachricht erhalten, daß Ali gekommen ist. (Die Nachricht von Alis Gekommensein haben wir erhalten.)
Buraya gele*ceğinin* sebeb*i* nedir?	Was ist der Grund dafür, daß du (er) hierher kommen wirst/willst (wird/will)?

– im Dativ:

Yazdığım*a* pişman oldum!	Ich habe bereut, daß ich geschrieben habe.
Elif İstanbul'da iş bulduğun*a* seviniyor.	Elif freut sich, daß sie in Istanbul eine Arbeit gefunden hat.
İş arayacağın*a* boş geziyorsun.	Anstatt Arbeit zu suchen, spazierst du untätig herum.

– im Akkusativ:

Geldiğin*i* bugün öğrendim.	Ich habe heute erfahren, daß du (er) gekommen bist (ist). (Dein/sein Gekommensein …)
Çocuklara para verecekler*i*ni bilmiyorum.	Ich weiß nicht, ob sie den Kindern Geld geben werden.

– im Lokativ:

Hakan otele döndüğün*de* ailesi dışarı çıkmıştı.	Als Hakan ins Hotel zurück-kehrte, war seine Familie ausge-gangen.
İstanbul'a geldiğimiz*de* önce Kapalı Çarşı'ya gideceğiz.	Wenn wir nach Istanbul kommen, gehen wir zuerst in den Gedeck-ten Basar.

Beachte: Die Form *-diğinde (-eceğinde)* entspricht den Formen *-diği (-eceği) zaman/vakit/sırada* (s.u.: *-diği* mit Postpositionen) und gibt Temporalsätze wieder, die mit „als …, wenn …, sobald …, während …" übersetzt werden.

– im Ablativ:

Korktuğumuz*dan* eve koştuk.	Wir sind nach Hause gelaufen, weil wir uns fürchteten.
Biletleri bulamadıkların*dan* dolayı geç kaldılar.	Weil sie ihre Karten nicht finden konnten, kamen sie zu spät.
Gelemeyeceğim*den* ötürü beni beklemeyin.	Da ich nicht werde kommen können, wartet nicht auf mich.

Beachte: Die Form *-diği (-eceği) için* (s.u.) hat die gleiche Bedeutung wie *-diğinden (-eceğinden)* und dient zur Wiedergabe von Kausalsätzen, die mit „weil" oder „da" eingeleitet werden. Das Verbalnomen im Ablativ kann mit *dolay* oder *ötürü* versehen werden.

4. Einige versteinerte Reste des früher als Partizip fungierenden Verbalnomens auf *-dik* haben sich erhalten:

bildik	bewußt
beklenmedik	unerwartet
duyulmadık	unerhört
görülmedik	ungesehen, außergewöhnlich, u.a.m.

Verbalnomen im Plusquamperfekt

Soll eine durch das Verbalnomen ausgedrückte Handlung im *Plusquamperfekt* stehen, d.h. als längst abgeschlossen dargestellt werden, so wird dem Partizip der Vergangenheit *-miş* das Verbalnomen von *olmak* hinzugefügt:

ver*miş olduğum* kitap	das Buch, das ich gegeben hatte
ver*miş olduğun* kitap	das Buch, das du gegeben hattest
alma*mış olduğu* kitap	das Buch, das er nicht genommen hatte
alma*mış olduğumuz* kitap	das Buch, das wir nicht genommen hatten
gör*müş olduğunuz* kitap	das Buch, das ihr gesehen hattet
gör*memiş olduklari* kitap	das Buch, das sie nicht gesehen hatten
Ablama ver*miş olduğum* kitap yeniydi.	Das Buch, das ich meiner Schwester gegeben hatte, war neu.
Annemin yaz*mış olduğu* mektup almadım.	Ich habe den Brief, den meine Mutter geschrieben hatte, nicht erhalten.

Verbalnomen mit Postpositionen oder Bezugsnomen

Das Verbalnomen kann mit einer Reihe von Postpositionen oder Bezugsnomen gebraucht werden. Dabei erhält das Verbalnomen den Kasus, den die Postposition erfordert. In einem Fall wird das Verbalnomen auf *-dik* ohne Possessivsuffixe gebraucht:

-dikten sonra	nachdem
Misafir git*tikten sonra* yattım.	Nachdem der Besuch gegangen war, legte ich mich hin.
İşimizi yap*tıktan sonra* kahve içtik.	Nachdem wir unsere Arbeit gemacht hatten, tranken wir Kaffee.

Die wichtigsten Postpositionen stehen nach Possessivendungen mit und ohne Kasusendung. Alle unten mit *-diği* aufgeführten Verbindungen können ebenfalls mit *-eceği* kombiniert werden und erhalten dann futurische Bedeutung:

-diği için entspricht der Form *-diğinden* (s.o.)	weil, da
Öğretmenimiz hasta ol*duğu için* bugün ders yok.	Da unser Lehrer krank ist, findet heute kein Unterricht statt.
Güzel konuş*tuğu için* herkes onu seve seve dinler.	Weil er so schön spricht, hört ihm jeder gerne zu.

-diği gibi	(so) wie, sowie, sobald
İste*diği*niz *gibi* yapınız!	Machen Sie es, wie Sie wollen!
Kardeşim iste*diği gibi* giyinir.	Mein Bruder zieht sich an, wie er will.
Kardeşimin iste*diği gibi* giyinirim.	Ich ziehe mich an, wie mein Bruder es will.
-diği kadar	soviel, so viel, soweit
Annem iste*diği kadar* yemek yer.	Meine Mutter ist, soviel sie will.
Annemin iste*diği kadar* yemek yerim.	Ich esse so viel, wie meine Mutter will.
-diği kadarıyla	soweit
Bil*diği*m *kadarıyla* tiyatro yedi buçukta başlıyor.	Soweit ich weiß, fängt das Theater um halb acht an.

Die Formen *-diği zaman / -diği vakit /-diğinde* und *-diği sırada* sind sinngleich und stehen in Temporalsätzen: als, während, wenn

Eve gel*diği*m *zaman* kocam gitti.	Als ich nach Hause kam, ging mein Mann weg.
Polis yaklaş*tığı zaman*, yanlışlığı fark etti.	Der Polizist bemerkte den Irrtum, gerade als er sich näherte.
Polisin yaklaş*tığı sırada*, Gülay yanlışlığı fark etti.	Gerade als der Polizist sich näherte, bemerkte Gülay den Irrtum.
-diği halde	obwohl
İşim ol*duğu halde*, oturma müsaadem uzatılmadı.	Obwohl ich Arbeit hatte, wurde meine Aufenthaltsgenehmigung nicht verlängert.
-diği takdirde	im Falle, daß, wenn, falls
Ali hasta ol*duğu takdirde* okula gitmesin.	Wenn Ali krank ist, soll er nicht in die Schule gehen.
-diği üzere / -diği şekilde	wie, in der Weise, so
-diği sürece / -diği müddetçe	solange

-diğine daire / -diğine ilişkin

daß

Ali'nin Türkiye'ye dön*düğüne
dair* bir söylenti duydum.

Ich habe ein Gerücht gehört,
wonach (daß) Ali in die Türkei
zurückgekehrt ist.

-diğine göre

gemäß, entsprechend

Duy*duğuma göre* konferans
çok ilginçmiş.

Entsprechend dem, was ich
gehört habe, war die Konferenz
sehr interessant.

-diğinden beri

seitdem

İstanbul'a gel*diğimden beri*
yağmur yağıyor.

Seitdem ich nach Istanbul
gekommen bin, regnet es.

-diğinden başka / -diğinin dışında

außer dem

Söyle*diklerimden başka*
ekleyeceğim bir şey yok.

Außer dem, was ich gesagt habe,
gibt es nichts, was ich hinzufügen
könnte.

-eceği yerde (entspricht *-eceğine*)

anstatt

Büyükada'ya gid*eceği yerde*
Burgazada'ya gitti.
Ödevimizi yap*acak yerde*
televizyon seyrettik.

Anstatt nach Büyükada zu fahren,
ist er nach Burgazada gefahren.
Anstatt unsere Hausaufgaben zu
machen, haben wir ferngesehen.

-ecek yerde

(kann auch wörtlich gebraucht
werden):

Öl*eceğimiz yerde* gömülmek
istiyoruz.

Wir möchten an dem Ort beerdigt
werden, an dem wir sterben.

Das Verbalnomen kann auch mit *var/yok* oder mit konjugierten Verben kombiniert werden:

-diği oluyor / -diği olmuyor
-diği var/yok

überhaupt / überhaupt nicht
ab und zu, überhaupt / überhaupt nicht

Ayşe'nin bize uğra*dığı olmuyor.*

Ayşe schaut bei uns überhaupt
nicht vorbei.

Oku*duğun var* mı?

Liest du ab und zu (bzw. überhaupt)?

Hiç oku*duğum yok.*

Ich lese überhaupt nicht.

Ufuk'un bilme*diği yok.*   Ufuk weiß über alles Bescheid.
          (Es gibt nichts, was Ufuk nicht
          weiß.)

-eceği var/yok   vorhaben, zu tun

Sinemaya gid*eceğiniz var* mı? Habt ihr vor, ins Kino zu gehen?
İşimizi bitir*eceğimiz yok.*   Es sieht so aus, als ob wir mit un-
          serer Arbeit nicht fertig würden.

-diği vardı/yoktu   (kann auch in der Vergangenheit
          gebraucht werden):

Bir bil*diğ*im *vardı (yoktu).* Ich wußte etwas (nichts).

-eceği vardı/yoktu   drückt ein Geschehen aus, das
          eintrat, obwohl man es nicht
          beabsichtigt hatte:

Bugün hiç uğra*yacağ*ım *yoktu* Ich hatte heute gar nicht im
ama, geldim işte.   Sinne, bei dir vorbeizuschauen,
          aber ich bin doch gekommen.

-eceği geldi/tuttu   Lust haben zu, zumute sein

Ağla*yacağ*ım *geldi.*   Mir ist zum Weinen zumute.
Gülay'nın tam şimdi ge*zeceği tuttu.* Gerade jetzt hat Gülay Lust
          bekommen, spazieren zu gehen.

Verbaladverbien

Verbaladverbien sind Verbformen, die zum Ausdruck adverbialer Nebensätze dienen, durch Anhängung von Suffixen an den Verbstamm
gebildet werden und stets unveränderlich sind. Sie bezeichnen keine
Personen und kein Tempus. Das Subjekt des Hauptverbums ist auch
das Subjekt des adverbialen Nebensatzes. Ist das Subjekt des Nebensatzes von dem des Subjekts im Hauptsatz verschieden, wird es als Pronomen oder Substantiv dem Nebensatz vorangestellt.

Verbaladverbien, deren Suffixe der kleinen **Vokalharmonie unterliegen**

1. Das Suffix *-eli/-alı*, nach vokalisch auslautendem Verbstamm *-yeli/-yalı*, bildet Temporalsätze mit „seitdem":

gel*eli*   al*alı*   gör*eli*   oku*yalı*

Bei eigenem Subjekt steht dieses vor der *-eli-Form*. Im Nachsatz können alle Zeiten – ausgenommen das Futur – stehen:

Siz Almanya'ya gel*eli* kaç yıl oldu?	Wie viele Jahre sind vergangen, seitdem Sie nach Deutschland gekommen sind?
Ben annemi görme*yeli* beş yıl oldu.	Seitdem ich meine Mutter (nicht) gesehen habe, sind fünf Jahre vergangen.
Hasta ol*alı* hiç çalışmıyorum.	Seit ich krank bin, arbeite ich überhaupt nicht mehr.
Zengin ol*alı* hiç çalışmadın.	Seitdem du reich geworden bist, hast du überhaupt nicht mehr gearbeitet.

Zur Verstärkung kann der *-eli-Form* die entsprechende Perfektform vorangestellt werden:

Sen gel*din* gel*eli*, her gün yağmur yağıyor.	Seitdem du gekommen bist, regnet es jeden Tag.

2. Das Suffix *-erek/-arak*, nach vokalischem Auslaut *-yerek/-yarak*, steht für eine Handlung, die eine Gleichzeitigkeit oder kurze Nach- bzw. Vorzeitigkeit ausdrückt.

gel*erek*	kommend, indem er kommt
al*arak*	nehmend, indem er nimmt
görme*yerek*	nicht sehend, indem er nicht sieht
oku*yarak*	lesend, indem er liest

Das Verbaladverb gibt eine Nebenhandlung wieder und wird mit „indem/und" eingeleitet. Das Subjekt ist meist gleich:

Amcam gül*erek* odaya girdi.	Mein Onkel betrat lachend das Zimmer. (Indem er lachte, betrat ... das Zimmer./... betrat das Zimmer und lachte.)

Çocuk ağla*yarak* hikâyesini anlattı.	Das Kind erzählte weinend seine Geschichte. (… erzählte, indem es weinte, …)
Türkçe yayın seyred*erek* Türkçe öğrendim.	Indem ich türkische Sendungen ansah, habe ich Türkisch gelernt.
Suçlu isteme*yerek* düşüncelerini açmıştı.	Der Beschuldigte hatte ungewollt seine Gedanken preisgegeben.

Es gibt einige feststehende Verbformen mit *-erek*, wobei *olarak* im Sinne von „als" die häufigste Verwendung findet:

olarak	als (seiend)
bilerek	absichtlich (wissend)
bilmeyerek	unbewußt
severek	gern (liebend)
yürüyerek	zu Fuß (wandernd)
istemeyerek	ungewollt
Çocuk *olarak* (= çocukken) çok güzel Fransızca konuşmuştum.	Als Kind soll ich sehr gut Französisch gesprochen haben.
Bir doktor *olarak* size sigara içmemenizi tavsiye ederim.	Als Arzt empfehle ich Ihnen, nicht zu rauchen.

3. Verbaladverbien mit dem Suffix *-e/-a*, nach vokalischem Auslaut *-ye/-ya*, finden die häufigste Verwendung durch Verdoppelung desselben Verbums:

– Verdoppelung des Verbums:

gül*e* gül*e*	immer lachend, d.h. mit viel Freude: als Antwort des Zurückbleibenden auf die Abschiedsformel *Allahaısmarladık* (Wir haben dich Gott befohlen.)
sev*e* sev*e*	mit Freude, gern
sor*a* sor*a*	fragend
Sor*a* sor*a* oteli buldum.	Durch ständiges Fragen fand ich das Hotel.
Okula koş*a* koş*a* geldiler.	Sie sind rennend in die Schule gekommen.
Gül*e* gül*e* kullan!	Benütze es mit Freuden! (Wunschformel)

Çalışa çalışa amacımı gerçekleştirdim.	Ständig arbeitend habe ich mein Ziel verwirklicht.

Verdoppelung verschiedener Verbstämme kommt ebenfalls vor, aber meist in festen Wendungen:

Piknikten *güle oynaya* döndük.	Wir sind voller Freude vom Picknick zurückgekehrt (... lachend und tanzend ...).

- Alleinstehend kommt es, abgesehen von *diye* (s.u.) und bei Zeitangaben, selten vor:

kala	bei Zeitangaben für *vor* (ab der halben bis zur vollen Stunde, die im Dativ steht) oder *um*
geçe	für *nach* (von der vollen Stunde bis zur nächsten halben mit dem Akkusativ, an ... vorbei)
on*a* beş *kala*	fünf *vor* zehn Uhr oder: *um* fünf nach zehn
on*u* beş *geçe*	fünf *nach* zehn Uhr
Saat yediye çeyrek *kala* geleceğim.	Ich werde *um* Viertel vor sieben Uhr kommen.
Saat altıyı on dokuz *geçe* trenimiz kalkacak.	Unser Zug wird um neunzehn *nach* sechs abfahren.

- *diye* (von *demek*) hat mehrere Funktionen:

Im Sinne von „sagend" steht es als Abschluß der direkten und indirekten Rede:

Ablam yarın gelecek miyim *diye* sordu.	„Soll ich morgen kommen" (sagend) fragte meine Schwester.
Gelmen lazım değil *diye* cevap verdim.	„Du mußt nicht kommen" (sagend) antwortete ich.
Ayşe yarın bana uğrasın *diye* söyledim.	Ich sagte, Ayşe solle morgen bei mir vorbeikommen.

In der Bedeutung von „weil, damit, um ... zu" zur Wiedergabe deutscher Nebensätze, wobei häufig der Optativ oder Imperativ steht:

Seni göreyim *diye* geldim.	Ich bin gekommen, um dich zu sehen.

Doktora, gelsin *diye* telefon ettik.	Wir haben den Arzt angerufen, damit er komme.
Ali, yorgunum *diye* yattı.	Ali hat sich hingelegt, weil er müde war.

In der Bedeutung von „angeblich":

Arabayı ucuz *diye* aldı.	Er hat das Auto angeblich günstig gekauft.
Pazarda yabancı mallar yerli *diye* satılır.	Auf dem Bazar werden fremde Waren als (angeblich) einheimische verkauft.

4. *-meden/-madan, -mezden/-mazdan* können mit und ohne Postpositionen *önce* oder *evvel* gebraucht werden und stehen im Deutschen für „ohne zu, bevor". Es ist zu beachten, daß die verneinte Form *-mezden/ -mazdan* immer mit *gelmek* gebraucht wird:

Kahvesini iç*meden* işe gitti.	Ohne seinen Kaffee zu trinken ist er zur Arbeit gegangen.
Beni gördü, ama gör*mezden* geldi.	Er hat mich gesehen, aber er tat so, als ob er mich nicht gesehen hätte.
Konuş*madan önce* düşün!	Denk nach bevor du sprichst!

5. *-meksizin/-maksızın* (ohne zu) wird nur bei gleichem Subjekt zur Bezeichnung der Art und Weise einer Handlung benutzt:

Uyu*maksızın* sabaha kadar yürüdük.	Ohne zu schlafen sind wir bis zum Morgen marschiert.
Annem hiçbir şey söyle*meksizin* odadan çıktı.	Meine Mutter ging ohne etwas zu sagen aus dem Zimmer.

6. *-mektense/-maktansa* steht für „anstatt":

Çalış*maktansa* gezmeyi tercih ediyor.	Anstatt zu arbeiten, zieht er es vor, spazierenzugehen.
Adana'ya git*mektense* Antalya'ya gittik.	Anstatt nach Adana zu fahren, sind wir nach Antalya gereist.

7. *-cesine/-casına* tritt an den Aorist- oder Präsensstamm (3. Person Singular) eines Verbs und drückt – bei meist gleichem Subjekt – eine Tätigkeit aus, die einer anderen äußerlich ähnlich ist. Sie entspricht im Deutschen „gleichsam als ob, als ob":

Elif Almanca bilir*cesine* (biliyor*casına*) Almanca gazeteleri karıştırdı.	Elif blätterte in deutschen Zeitungen, als ob sie Deutsch könnte.
Deli*cesine* bağırıyorsun.	Du schreist, als ob du verrückt geworden wärst.

Die Form kann auch mit *-miş* kombiniert werden:

Bu genç kız öl*müşçesine* yatıyordu.	Dieses junge Mädchen lag da, als sei es tot (gestorben).

Verbaladverbien, deren Suffixe der großen **Vokalharmonie unterliegen**

1. Das Verbaladverb auf *-ip/-ıp/-üp/-up*, nach vokalischem Auslaut *-yip/-yıp/-yüp/-yup*, wird bei gleicher Personen- und Tempusendung benutzt, um Wiederholungen zu vermeiden und bei aufeinanderfolgenden Handlungen, die im Deutchen mit „und" verbunden werden:

Hamala para ver*ip* taksiye oturdu.	Sie gab dem Gepäckträger Geld und setzte sich ins Taxi.
Kardeşlerim ateşlerini ölç*üp* yattılar.	Meine Brüder haben Fieber gemessen und legten sich hin.
Doktor gel*ip* reçete yazdı.	Der Arzt kam und stellte ein Rezept aus.

Ist das Hauptverb verneint, gilt auch das Verbaladverb als verneint. Ist das Hauptverb verneint, die vorangehende *-ip*-Form jedoch nicht, so erhält sie den Zusatz *de:*

Ankara'ya gel*ip* bizi ziyaret etmedi.	Er kam nicht nach Ankara und besuchte uns nicht.
Ankara'ya gel*ip* de bizi ziyaret etmedi.	Er kam nach Ankara, aber er hat uns nicht besucht.

Die verneinte -*ip*-Form wirkt sich nicht auf das Hauptverbum aus:

Tel çek*meyip* mektup yazacağım.   Ich werde kein Telegramm
                                    schicken, sondern einen Brief
                                    schreiben.

2. -*dikçe/-dıkça/-dükçe/-dukça* steht für die Bedeutung „so oft, so lange,
je mehr":

Bu çocuk beni gör*dükçe* kaçıyor.   So oft dieses Kind mich sieht,
                                     läuft es davon.
Özür dile*medikçe* onu   Solange er sich nicht entschuldigt,
affetmeyeceğim.   werde ich ihm nicht verzeihen.
Çocuk tatlı ye*dikçe* şişmanlıyor.   Je mehr Süßigkeiten das Kind ißt,
                                     umso dicker wird es.

Merke: gittikçe steht für „allmählich".

3. -*ince/-ınca/-ünce/-unca*, nach vokalischem Auslaut -*yince/-yınca/
-yünce/-yunca*, beschreibt den Zeitpunkt eines Geschehens und hat die
temporale Bedeutung von „sobald, als, wenn". Die verneinte Form
steht in temporaler Bedeutung für „bevor … nicht", in kausaler Bedeutung für „da":

Eve gel*ince* kahve içeceğim.   Sobald ich nach Hause komme,
                                     werde ich Kaffee trinken.

Paramız ol*unca* bu arabayı aldık.   Als wir Geld hatten, kauften wir
                                     dieses Auto.

Yeteri kadar paramız birik*ince*   Wenn wir genug Geld gespart
bir ev alacağız.   haben, werden wir ein Haus
                                     kaufen.

Baba gelme*yince* yemeğe   Bevor Vater nicht kommt, fangen
başlamayız.   wir nicht mit dem Essen an.
Arkadaşım bekleme*yince* eve   Da mein Freund nicht wartete,
döndük.   sind wir nach Hause zurück-
                                     gekehrt.

Zur Hervorhebung von Nominalsätzen steht die Form -*e gelince* „was
aber betrifft"; -*inceye kadar (dek, değin)* „bis":

Bu mesele*ye gelince* hiçbir   Was diese Angelegenheit betrifft,
şey söylemeyeceğim.   so werde ich gar nichts sagen.
Annemiz, biz telefon ed*inceye*   Unsere Mutter wird warten,
kadar bekleyecek.   bis wir anrufen.

Verbaladverbien ohne **Vokalharmonie**

Das Verbaladverb auf *-iken* (während) sagt wiederum nichts über Person und Zeit aus, diese müssen dem Hauptverbum entnommen werden. Hat der Nebensatz jedoch ein anderes Subjekt als der Hauptsatz, so wird dieses dem Verbaladverb mit *iken* vorangestellt. Die Form *iken* beschreibt den Zeitraum eines Geschehens. Sie kann selbständig auftreten, an Substantive und Adjektive suffigiert oder auch an Verbformen der 3. Personen angehängt werden und verliert zuweilen ihren Anfangsvokal bzw. wandelt diesen in *y*:

Ben Almanya'da *iken* (... *'dayken*), oğlum İstanbul'da liseyi bitirdi.	Während ich in Deutschland war, hat mein Sohn in Istanbul das Gymnasium beendet.
Çocuk *iken* (çocuk*ken*) ailem Berlin'de otururdu.	Als ich Kind war, wohnte meine Familie in Berlin.
Şehre gider*ken* Ayşe'yi gördüm.	Während ich in die Stadt fuhr, habe ich Ayşe gesehen.
Ayşe'yi şehre gider*ken* gördüm.	Ich habe Ayşe gesehen, während sie in die Stadt fuhr.
Eskiden kahve içmez*ken* şimdi kahve içer oldum.	Während ich früher nie Kaffee trank, trinke ich jetzt Kaffee.
Ayşe güzel*ken* Alev çirkin.	Während Ayşe schön ist, ist Alev häßlich.
Paramız yok*ken* araba aldık.	Obwohl wir kein Geld haben, kauften wir ein Auto.
Evde çeşitli meyve var*ken* neden üzüm alıyorsun?	Warum kaufst du Weintrauben, während verschiedene Sorten Obst im Hause sind?

İken kann an folgende Tempussuffixe treten:

geliyor*ken*	gelmiyor*ken*	während ich/du/er ... gerade (nicht) komme
gelir*ken*	gelmez*ken*	während ich/du/er ... (nicht) komme
gelmekte*yken*		während ich/du/er ... komme (betonter als oben)
gelecek*ken*	gelmeyecek*ken*	während ich/du/er ... kommen wollte
gelmiş*ken*	gelmemiş*ken*	während ich/du/er ... (nicht) gekommen bin

POSTPOSITIONEN

Das Türkische besitzt keine Präpositionen. Verhältniswörter werden
den zugehörigen Substantiven, Pronomen oder Verben nachgestellt
oder durch Suffixe gebildet. Die Postpositionen können (außer den
Lokativ) verschiedene Kasus regieren. Grundsätzlich ist zu unterscheiden zwischen echten und unechten Postpositionen.

Echte Postpositionen

Postpositionen mit dem Nominativ:

1. *gibi* (wie, in bezug auf Ähnlichkeit oder Gleichheit):

kan *gibi* kırmızı   rot wie Blut
gül *gibi* güzel   schön wie eine Rose

2. *kadar* (ebenso wie, in dem Maße wie; in bezug auf die Menge,
Größe):

Babam *kadar* yemek yiyemem.   Soviel (in dem Maße) wie mein
                                            Vater kann ich nicht essen.

Erciyes Ararat *kadar* yüksek   So hoch wie der Ararat ist
değildir.   der Erciyes nicht.

3. *ile* (mit) kann mit seinem Bezugswort – nach der kleinen Vokalharmonie – verbunden werden. Es verliert bei konsonantischer Endung
sein *i*, bei vokalischem Auslaut wird *i* zu *y*:

otobüs *ile* / otobüs*le*   mit dem Bus
araba *ile* / araba*yla*   mit dem Auto

Her gün otobüs*le* okula giderim.   Ich fahre jeden Tag mit dem Bus
                                            zur Schule.

Annem*le* konuşuyor.   Er spricht mit meiner Mutter.

Babası*yla* çarşıya uğradı.   Er ging mit seinem Vater kurz
                                            zum Markt.

Auch als Konjunktion kann *ile* für „und" gebraucht werden und verbindet stärker als *ve*:

Ayşe *ile* Ali arasında bir   Zwischen Ayşe und Ali gibt es eine
anlaşmazlık var.   Meinungsverschiedenheit.

Anne*le* babana selam ilet.	Richte deiner Mutter und deinem Vater Grüße aus.

4. *için* (für, wegen, um ... zu, zum), da es sowohl nach Substantiven als auch nach Verben stehen kann, muß es im Deutschen unterschiedlich wiedergegeben werden:

Babam *için* kravat aldım.	*Für* meinen Vater habe ich Krawatten gekauft.
Bir iş *için* geldim.	Ich bin *wegen* einer Angelegenheit gekommen.
Seni görmek *için* uğradım.	*Um* dich zu sehen bin ich vorbeigekommen.
Okumak *için* Türkçe kitap istiyor.	Er möchte türkische Bücher *zum* Lesen.

Werden alle diese Postpositionen in bezug auf ein Personal-, Demonstrativ- oder Fragepronomen gebraucht, so müssen diese mit Ausnahme der 3. Person Plural *(-ler/-lar)* in den Genitiv treten:

Benim için ne aldın?	Was hast du für mich gekauft?
Bunun gibi yapmasın!	Du sollst es nicht so machen wie dieser!
Kiminle buluştu?	Mit wem hat er sich getroffen?
Onun kadar büyük değilim.	So groß wie jener bin ich nicht.

aber:

Kimlerle konuştu?	Mit welchen Leuten hat sie gesprochen?
Bunlar gibi ben de Türkçe bilirim.	So wie diese kann ich auch Türkisch (sprechen).

5. *olarak* (als (Identität), in der Eigenschaft von ...) (siehe auch: Verbaladverb *-erek /-arak*):

Öğretmen *olarak* size yeni kelimeleri iyi tekrarlanmanızı tavsiye ederim.	Als Lehrer empfehle ich Ihnen, die neuen Wörter gut zu wiederholen.

Postpositionen mit dem Genitiv gibt es nur in den oben genannten Fällen.

Postpositionen mit dem Dativ:

1. *kadar, değin, dek* (bis: zeitlich und örtlich):

Yarın*a kadar* hoşça kal!	Bleib wohlauf, (mach's gut) bis Morgen!
Ölünc*eye kadar* çalıştı.	Bis er starb, arbeitete er.
Sabah*a değin* lafa daldık.	Bis zum Morgen waren wir ins Gespräch vertieft.
Tep*eye dek* yürüyeceğiz.	Wir werden bis zum Gipfel marschieren/steigen.

2. *göre* (gemäß, laut, nach, entsprechend, zufolge):

Türk kanunun*a göre* Türk anababanın çocuğu Türktür.	Dem türkischen Gesetz gemäß ist das Kind türkischer Eltern Türke.
Babamın fikrin*e göre* haklıyım.	Nach Meinung meines Vaters bin ich im Recht.
Duyduğum*a göre* yakında evlenecekmişsin.	Nach dem, was ich gehört habe, sollst du dich in Kürze verheiraten.

3. *doğru* (gegen, in Richtung auf: örtlich, zeitlich und im übertragenen Sinne):

Akşam*a doğru* eve döneceğim.	Gegen Abend werde ich nach Hause zurückkehren.
Çocuk araba*ya doğru* koştu.	Das Kind ist geradewegs auf das Auto zugelaufen.

4. *karşı* (gegen: freundlich und feindlich):

Düşman*a karşı* atıldılar.	Sie warfen sich auf den Feind.
Sabah*a karşı* biraz gezdim.	In den frühen Morgenstunden (gegen Morgen) ging ich ein wenig spazieren.

5. *rağmen* (trotz), *buna rağmen* (trotzdem):

Yağmur*a rağmen* hava serinlemedi.	Trotz des Regens hat sich das Wetter nicht abgekühlt.
Beni davet etmedin, *buna rağmen* geldim.	Du hast mich nicht eingeladen; trotzdem bin ich gekommen.

6. *dair, ait, ilişkin* (betreffs, hinsichtlich), *yönelik* (bezüglich, betreffend):

Bu mesele*y dair* bir şey söylemedi.	Über dieses Problem sagte er nichts.
Ayasofya'*ya ait* kartpostallarınız var mı?	Haben Sie Postkarten von der Haghia Sophia (die … betreffend)?

Merke: Es gibt noch eine Reihe von Postpositionen arabischen Ursprungs, deren Gebrauch jedoch selten geworden ist:

binaen	aufgrund von, wegen, infolge
istinaden	gestützt auf, aufgrund von
mukabil	(als Ersatz) für, gegen
nazaran	in Hinblick auf, zufolge
nispetle	im Verhältnis/Vergleich zu

Postpositionen mit dem Akkusativ:

Selten kommt auch das aus dem Arabischen stammende *müteakip* oder *müteakiben* (unmittelbar nach, gleich nach) vor:

Babasının ölümün*ü müteakip* (*müteakiben*) tahsili bıraktı.	Gleich nach dem Tode seines Vaters hat er sein Studium abgebrochen.

Postpositionen mit dem Ablativ:

1. *önce, evvel* (vor: zeitlich):

Sinemaya gitme*den önce (evvel)* ödevlerinizi yapın!	Macht eure Aufgaben, bevor ihr ins Kino geht!

2. *beri* (seit):

Çok*tan beri* Efes'e gitmek istiyorum.	Seit langem möchte ich nach Ephesus reisen.
Almanya'ya geldiğimiz*den beri* bu evde oturuyoruz.	Seit wir nach Deutschland gekommen sind, wohnen wir in diesem Haus.

3. *sonra* (nach):

Yemek*ten sonra* biraz gezelim!	Laßt uns nach dem Essen etwas spazierengehen.
Çalışma müsaadesi aldık*tan sonra* oturma müsaadesi almanız da lazım gelecek.	Nachdem Sie die Arbeitserlaubnis erhalten haben, müssen Sie auch eine Aufenthaltserlaubnis beantragen.

Merke: sonra (später) und *önce* (zuvor) können auch adverbiell gebraucht werden und stehen dann hinter dem Substantiv im Nominativ!

4. *başka* (außer, abgesehen von):

Bun*dan başka* sorunuz var mı?	Haben Sie außer diesen noch andere Fragen?
Bu gece Niğde'de kalkmak*tan başka* çaremiz yok.	Es bleibt uns nichts anderes übrig, als diese Nacht in Niğde zu bleiben.

5. *itibaren* (von … an: nur zeitlich):

Yarın*dan itibaren* Türkçe öğreneceğim.	Von morgen an (ab morgen) will ich Türkisch lernen.

6. *dolayı, ötürü* (wegen: nur begründend):

Hastalığın*dan dolayı (ötürü)* çalışamaz.	Wegen seiner Krankheit kann er nicht arbeiten.

Unechte Postpositionen

Die unechten Postpositionen sind reine Nomen, die mit ihrem Bezugswort eine Genitivverbindung eingehen und regelmäßig dekliniert werden. Die folgenden Substantive werden zur Wiedergabe der entsprechenden Verhältniswörter gebraucht, wobei das erste Substantiv im Genitiv steht und das zweite die Possessivendung der 3. Person Singular annimmt:

ön	das Vordere, die Vorderseite	vor
arka / art	der Rücken, das Hintere, die Hinterseite	hinter
iç / içeri	das Innere, die Innenseite	innen

dış / dışarı	das Äußere, die Außenseite	außen
alt	das Untere, die Unterseite	unten
üst	das Obere, die Oberseite	über, auf
ara*	der Zwischenraum	zwischen
yan	die Seite	neben, zu (wohin?), neben, bei (wo?)
etraf / çevre	die Umgebung	ringsherum
orta	die Mitte	mitten
karşı	das Gegenüber, die Gegenseite	gegenüber
yer	der Ort	anstelle von
baş	der Kopf	zu, an (wohin?), bei (wo?)
sağ	die rechte Seite	rechts
sol	die linke Seite	links

Beachte: Bei *arasında* wird „und" durch *ile* ausgedrückt, also: *Ayşe ile Ali arasında anlaşma yok* (Zwischen Ayşe und Ali gibt es keine Übereinstimmung).

Je nach regierendem Verbum steht die Ortsangabe entweder im Dativ, Lokativ oder Ablativ (3., 5. oder 6. Fall):

Evin yanına yeni bir otel yapıldı.	Neben das Haus wurde ein neues Hotel gebaut.
Evin önünde bir bahçe var.	Vor dem Haus gibt es einen Garten.
Evin arkasından bir çocuk çıktı.	Von hinter dem Haus kam ein Kind hervor.
Otelin sağında THY bürosu, *solunda* berber salonu var.	Rechts vom Hotel ist das THY-Büro, links ein Herren-Friseur.
Yolcuların arasında rahatsızlık var.	Zwischen (unter) den Reisenden gibt es Unruhe.
Kitapları *masanın üstüne* koy.	Leg die Bücher auf den Tisch!
Dolabın içinden ekmek al.	Hol Brot aus dem Schrank!

Anstelle eines Substantivs kann auch ein persönliches Fürwort im Genitiv stehen; die Postpositionen nehmen dann die jeweiligen Possessivendungen an. Das Pronomen kann aber auch wegfallen:

Benim yerime kardeşim gelecek.	Statt meiner wird mein Bruder kommen.

Senin yanına bak!	Schau neben dich!
Onun arkana otur!	Setz dich hinter ihn!
Önümde durma!	Steht nicht vor mir (herum)!
Aramızda Türkçe konuşalım!	Sprechen wir doch unter (zwischen) uns Türkisch!
İçinizde Arapça bilen var mı?	Gibt es unter euch jemanden, der Arabisch kann?
Yanlarında para yok mu?	Haben sie kein Geld dabei?

Bei einigen Postpositionen steht das Substantiv *nicht* im Genitiv, sondern meist im Nominativ:

boyunca	entlang	yol boyunca	entlang des Weges
sırasında		yolculuk	während der
esnasında	während	sırasında	Reise
devamınca			
yüzünden	wegen, durch		
dolayısıyla	entsprechend, auf Grund von		
yönünden	vom Standpunkt aus, in bezug auf		
bakımından			
hakkında			
üzerine	betreffend, über		
üzerinde			
tarafından	von (beim Passiv)		
sayesinde	dank		
yoluyla	über (streckenmäßig)		

KONJUNKTIONEN

Das Türkische kommt an sich ohne Konjunktionen aus, da die ausgedrückten Gedanken durch Verbalformen wiedergegeben werden. Trotzdem gibt es eine Reihe von Konjunktionen, die zum Teil aus dem Arabischen bzw. Persischen stammen oder von Adverbien abgeleitet sind. Hier eine Übersicht über die wichtigsten:

ama (aber) (*fakat, *lakin, ist jedoch veraltet):

İstediği kitapları yolladık, *ama* eline vaktinde geçmemiş.	Wir haben die von ihm gewünschten Bücher abgeschickt, er hat sie aber nicht rechtzeitig erhalten.

ancak (nur):

Bir dili kısa bir zamanda öğrenebilirsiniz, *ancak* çok çalışmanız lazım.	Sie können eine Sprache innerhalb kurzer Zeit erlernen, nur müssen Sie viel arbeiten.

çünkü (*zira) (weil):

Gelemedim, *çünkü* vaktim yoktu.	Ich konnte nicht kommen, weil ich keine Zeit hatte.

dahi (auch, sogar; mit Verneinung: auch nicht, nicht einmal):

İstese *dahi* yalnız başına çarşıya çıkamayacak.	Auch (sogar) wenn sie es wollte, könnte sie nicht einmal alleine zum Markt gehen.

de, *da* (auch; kann auch als „und" dienen und somit den Anschluß zum Vorsatz herstellen). Es wird dem Bezugswort stets unverbunden nachgestellt, aber vokalisch angeglichen:

Annem *de* Berlin'e gitmek istedi.	Auch meine Mutter wollte nach Berlin fahren.
Annem Berlin'e *de* gitmek istedi.	Meine Mutter wollte auch nach Berlin fahren.
Sinemaya gittim. O *da* tiyatroya gitmeyi tercih etti.	Ich bin ins Kino gegangen. Und er hat vorgezogen ins Theater zu gehen.

de ... *de* (sowohl ... als auch):

Ben *de* sen *de* davet edildik.	Sowohl ich als auch du sind eingeladen.

fakat (*ama) (aber):

Çok çalıştı, *fakat* sınavını veremedi.	Er hat viel gelernt, aber er hat die Prüfung nicht bestanden (konnte ... nicht bestehen).

(* bedeutet: Synonym)

gerek ... gerek, gerek ... gerekse (sowohl ... als auch; erforderlichenfalls):

Anadolu kadını *gerek* evde, *gerek* tarlada çalışır.	Die anatolische Frau arbeitet (erforderlichenfalls) sowohl im Haus als auch auf dem Feld.

gerçi ... ama (zwar ... aber):

Orada *gerçi* para kazanılabilir *ama*, hayatı altüst olur.	Man (oder: er) kann zwar dort Geld verdienen, aber das (sein) Leben gerät völlig durcheinander.

ha ... ha (ob ... oder):

Ha Ali telefon etti, *ha* Veli – bana ne?	Ob Hinz oder Kunz angerufen hat – was geht das mich an?

halbuki (*oysaki) (während doch, obwohl):

Bana bir kere dahi olsun yazmadın. *Halbuki* ben sana her ay bir mektup yazdım.	Du hast mir nicht ein einziges Mal geschrieben; obwohl ich dir jeden Monat einmal geschrieben habe.

hem ... hem de (sowohl, ... als auch, steht immer vor seinem Bezugswort):

Hem bankaya uğrar, *hem de* postanede kartlarımızı atarız.	Wir können sowohl bei der Bank vorbeigehen als auch bei der Post unsere Karten einwerfen.

ise (aber, hingegen):

Ufuk'un babası Türk, annesi *ise* Alman.	Ufuks Vater ist Türke, seine Mutter hingegen Deutsche.

ister ... ister (mit Imp.) (gleichgültig ob ... oder):

İster gel, *ister* gelme, nasıl istersen öyle yap!	Gleichgültig ob du kommst oder nicht, mach es wie du willst!

kâh ... kâh (manchmal ... manchmal):

Çocuk *kâh* gülüyor, *kâh* ağlıyordu.	Manchmal lachte das Kind, manchmal weinte es.

ki (daß): die persische Konjunktion *ki* steht isoliert und leitet den Nebensatz mit „daß" oder die deutsche indirekte Rede ein, die im Türkischen als direkte Rede steht. (Sie ist nicht zu verwechseln mit dem Relativpronomen *-ki*).

Bilir misin *ki* Ali'nin annesi ölmüştü?	Weißt du, daß Alis Mutter gestorben ist?
Öğretmene söyle ki yarın gelemeyeceğim!	Sage dem Lehrer, daß ich morgen nicht werde kommen können.
Amcam benden bir bilgisayar istedi. *Ne var ki* onu uçakla götürmek biraz zor olacak.	Mein Onkel hat mich um einen Computer gebeten. *Allerdings* ist es etwas schwierig, ihn im Flugzeug mitzunehmen.
Kaldı ki amacamın oturduğu yere de gidemeyeceğim.	*Abgesehen* davon werde ich auch nicht zu dem Ort fahren können, in dem mein Onkel wohnt.

mademki (nachdem schon, da ja, da nun einmal, in Anbetracht dessen, daß):

Mademki kahve içmek istemiyorsun, bari soğuk bir şey iç!	Wenn du schon nicht Kaffee trinken willst, so trinke wenigstens etwas Kaltes.

meğer (meğerse) (jedoch, indessen, dabei):

Bugün müzeyi gezecektik, *meğer* kapalıymış.	Heute wollten wir das Museum besichtigen, dabei hatte es geschlossen.

ne ... ne (weder ... noch):

Bugüne kadar *ne* Efes'i, *ne* Milet'i, *ne de* Priene'yi gördük.	Bis heute haben wir weder Ephesus, noch Milet, noch Priene gesehen.
Ne dün meyve aldık, *ne de* bugün.	Weder haben wir gestern Obst gekauft, noch heute.

nitekim (wie ja auch, wie zum Beispiel):

Çalışmazsan sınavı veremezsin, demiştim. *Nitekim* de veremedin.	Ich sagte dir: Wenn du nicht arbeitest, wirst du die Prüfung nicht bestehen können. Und nun hast du sie ja auch nicht bestanden.

oysa (*halbuki) (während doch):

Ablam alışverişe gitmiş, *oysa* ben gidecektim.	Meine Schwester ist einkaufen gegangen, während ich doch gehen wollte.

sanki (als ob):

Sanki beni görmüyormuş gibi davranıyordu.	Er benahm sich, als ob er mich nicht sähe.

üstelik (*kaldı ki) (überdies, außerdem, dazu noch):

Bu toplantı beni ilgilendirmiyor. *Üstelik* vaktim de yok.	Diese Tagung interessiert mich nicht. Überdies (außerdem) habe ich auch keine Zeit.

ve (und): Dies ist die häufigste Konjunktion.

Odaya girdi *ve* oturdu.	Er kam ins Zimmer und setzte sich.

yalnız (nur):

Seni affedeceğim; *yalnız*, bir daha yapmayacağına dair söz vermelisin.	Ich werde dir verzeihen, aber du mußt versprechen, es nicht noch einmal zu tun!

ya ... ya da (yahut ... veyahut) (entweder ... oder):

Dersten sonra *ya* sinemaya gideceğim, *ya da* eve döneceğim.	Nach dem Kurs werde ich entweder ins Kino gehen oder nach Hause zurückkehren.

yoksa (sonst):

Acele etmemiz lazım, *yoksa* vapura yetişemeyiz.	Wir müssen uns beeilen, sonst werden wir das Schiff nicht erreichen.

WORTBILDUNGSLEHRE

Wortbildungssuffixe und Reduplikation

Das Türkische kennt eine Reihe von Suffixen, mit denen aus Substantiven oder Adjektiven neue Wörter gebildet werden können.

Substantivbildung

1. *-lik, -lık, -lük, -luk* bildet aus Adjektiven abstrakte Substantive sowie aus Substantiven neue Substantive mit meist konkreter Bedeutung und zuweilen auch Adjektive aus Substantiven:

güzel	schön	güzellik	Schönheit
göz	Auge	gözlük	Brille
ay	Monat	aylık	Monatslohn
saat	Stunde	bir saatlik yol	ein einstündiger Weg

Merke: Auch für Volks- und Religionszugehörigkeit gebräuchlich: *Türklük* (Türkentum), *Müslümanlık* (Muslimtum), *Hıristiyanlık* (Christentum)

2. *-ci, -cı, -cü, -cu* (nach f,p,ş,ç,k,h,s,t: *-çi, -çı, -çü, -çu*) gibt die Berufsbezeichnung oder eine Tätigkeit an und kann auch mit *-lik* verbunden werden:

işçi	Arbeiter	yolcu	Reisender
saatçi	Uhrmacher	kitapçı	Buchhändler
gazeteci	Journalist	gazetecilik	Journalismus

3. *-cik, -cık, -cük, -cuk* (bzw. *-çik, -çık, -çük, -çuk*) und *-ceğiz, -cağız* bilden die Verkleinerungsform oder Diminuitiv (wobei letztere leicht abwertenden oder mitleidenden Charakter hat):

annecik	Mütterchen	anneciğim	mein liebes Mütterchen / liebe Mutter
köyceğiz	Dörflein, Kaff	adamcağız	armseliges Männlein

4. *-daş, -deş* (nach f,p,ş,ç,k,h,s,t: *-taş, -teş*) bezeichnet das Gemeinsame „Gefährte":

arkadaş	Kamerad	yoldaş	Reisegefährte
meslektaş	Kollege	vatandaş	Landsmann

5. *-(y)iş, -(y)ış, -(y)üş, -(y)uş* (der modale Infinitiv) gibt vornehmlich Art und Weise eines Geschehens an:

anlayış	Verständnis	söyleyiş	Art des Redens
bakış	Blick	dövüş	Streit
görüş	Sicht, Meinung	gidiş	Gang; Hinfahrt
gidiş-geliş	hin und zurück	alış veriş	Handel

6. *-gi, -gı, -gü, -gu* (nach f,p,ş,ç,k,h,s,t: *-ki* usw.) bildet Abstrakta, Werkzeuge oder Geräte:

çalmak	spielen	çalgı	Musikinstrument
vermek	geben	vergi	Steuer
bilmek	wissen	bilgi	Kenntnis

7. *-it, -ıt, -üt, -ut* bildet Abstrakta:

anmak	gedenken	anıt	Denkmal
yapmak	machen	yapıt	Werk

8. *-im, -ım-, -üm, -um* (nach Vokal nur *-m*) drückt ein einmaliges und einheitliches Geschehen und dessen Ergebnis aus:

basmak	drucken	basım	Druck
doğmak	geboren werden	doğum	Geburt
ölmek	sterben	ölüm	Tod

Adjektivbildung

1. *-li, -lı, -lü, -lu* an Substantiven bildet Adjektive in der Bedeutung „habend":

akıl	Verstand	akıllı	verständig, klug
ev	Haus	evli	verheiratet
şeker	Zucker	şekerli	süß, gezuckert
gözlüklü adam	Mann mit Brille	çocuklu kadın	Frau mit Kindern

Merke: In Verbindung mit Orts-, Länder- und Nationalitätenbezeichnungen gibt es die Herkunft an:

İstanbullu	Istanbuler	Münihliyim	ich bin Münchner

2. *-siz, -sız, -süz, -suz* bildet den Gegensatz zu *-li,* also „nichthabend, ohne" oder „-los":

akılsız	unvernünftig	sensiz	ohne dich
şekersiz	ungezuckert, ohne Zucker	amansız	erbarmungslos

3. *-ce, -ca* (nach f,p,ş,ç,k,h,s,t: *-çe, -ça*) kann sowohl an Substantive, Adjektive und Pronomen treten und hat verschiedene Bedeutungen (Sprache, gemäß/wie, Maße/Menge):

Almanca	Deutsch(e Sprache)	Türkçe	Türkisch(e) Sprache
bence	nach meiner Meinung	kanunlarca	gemäß den Gesetzen
yüzlerce	zu Hunderten, hunderte	yıllarca	jahrelang

4. *-(y)ici, -(y)ıcı, -(y)ücü, -(y)ucu* zur Bildung von Substantiven und Adjektiven:

yazıcı	Schreiber	yüzücü	Schwimmer
dinleyici	Hörer	okuyucu	Leser
yapıcı	konstruktiv	önleyici	vorbeugend

5. *-sel, -sal* bildet Adjektive (und ersetzt zunehmend die arabischen Adjektive auf î):

ulusal	national	toplumsal	sozial
dini/dinî		dinsel	religiös
siyasi/siyasî		siyasal	politisch
tarihi/tarihî		tarihsel	historisch
şahsi/şahsî		kişisel	persönlich

Reduplikation

Das Türkische kennt auch das Stilmittel der Reduplikation. Fast alle Wortarten können durch mannigfaltige Varianten den Sinn eines Wortes verstärken. Diese Möglichkeit wurde bereits beim Adjektiv als Steigerungsform hervorgehoben. Die gebräuchlichste Form ist die Wiederholung des Wortes, ergänzt um den Anfangsbuchstaben *m* (Bei Wörtern auf *m* nicht möglich!):

Odası *kitap mitap* ile dolu.	Sein Zimmer ist voll mit Büchern und Sachen.
Çocuk *ağladı mağladı*.	Das Kind schrie und führte sich auf.
Attila Mattila pikniğe gitti.	Attila und seine Freunde gingen zum Picknick.
Ekmek mekmek alsın mı?	Hast du Brot und dergleichen gekauft?

SATZLEHRE

WORTSTELLUNG IM TÜRKISCHEN SATZ

Die Wortfolge eines Satzes ist im Türkischen genau festgelegt. Die Anordnung einzelner Satzglieder innerhalb eines einfachen Satzes geschieht nach der Regel: Subjekt – Prädikat (Verb, Hilfsverb mit Nomen oder Adjektiv, Nomen im Lokativ).

Der einfache Satz

Aydolu geldi.	Aydolu ist gekommen.
Evimiz güzeldir.	Unser Haus ist schön.
Kardeşim okulda(dır).	Mein Bruder ist in der Schule.
Çocuklar çalışkan(dır).	Die Kinder sind fleißig.

Ist das Subjekt ein Pronomen und nicht weiter hervorgehoben, so wird es durch die Verbalflexion genügend bezeichnet:

Bu akşam uğra*yacak*.	Er/Sie wird heute abend vorbeikommen.
Sinemaya gitti*ler*.	Sie sind ins Kino gegangen.

Das Prädikat steht im Plural, wenn es Personen bezeichnet, bei Sachen steht es im Singular:

Yolcu*lar* bekliyor*(lar)*.	Die (einzelnen) Reisenden warten.
Bütün bu kitap*lar* çok ilginç.	Alle diese Bücher sind interessant.

Der mit Akkusativ- und Dativobjekt erweiterte Satz

Beim erweiterten Satz treten nähere Bestimmungen (Adjektiv, Genitiv, Partizip, Verbalnomen, Verbaladverb usw.) vor das Subjekt.

Auch das Verb kann durch Akkusativ- und Dativobjekte erweitert werden. Eine Hervorhebung von Satzteilen kann – abgesehen vom Prädikat – durch Umstellung erfolgen, wobei das vor dem Prädikat stehende Wort am meisten betont wird. Das unbestimmte Akkusativobjekt darf allerdings nie vom Prädikat getrennt werden:

Dün Selim ablama *bir kitap* getirdi.	Gestern brachte Selim meiner Schwester ein Buch.
Dün Selim ablama *kitabı* getirdi.	Gestern brachte Selim meiner Schwester das Buch.
Dün Selim kitabı *ablama* getirdi.	Gestern brachte Selim das Buch meiner Schwester.
Selim ablama kitabı *dün* getirdi.	Selim brachte meiner Schwester das Buch gestern.
Kitabı ablama dün *Selim* getirdi.	Das Buch brachte meiner Schwester gestern Selim.

Der mehrfach erweiterte Satz

Jede Satzerweiterung kann ihrerseits Erweiterungen mit attributivem Charakter zu sich nehmen. Die Wortstellung eines komplizierteren Satzes folgt in der Regel etwa dem Schema:

1. Adverb der Zeit
2. Attribut des Subjekts
   - Adjektiv
   - Genitiv
   - Partizip
   - Verbalnomen
   - Verbaladverb
3. Subjekt
4. Adverbien des Ortes
5. Adverbien der Art und Weise
6. Dativobjekt mit seinen Attributen
7. Akkusativobjekt mit seinen Attributen
8. Prädikat

Satzanalyse

Um einen längeren türkischen Satz verstehen und übersetzen zu können, beginnt man am Satzende und löst ihn von rückwärts auf, d.h., zuerst sucht man nach dem Prädikat (Satzaussage mit Personalendung) und dem Subjekt (in der Regel am Fehlen jeglicher Kasusendungen zu erkennen) und analysiert den Hauptsatz, danach geht man in gleicher Weise mit den Nebensätzen vor:

Gülay, bir saat boşu boşuna Ayasofya'nın önünde arkadaşını bekledik-
ten sonra, ona nafile telefon edip evde bulamayınca bir taksiye binip
Beyoğlu'ndaki mağazalara yalnız gitti.

gitti	sie ging (fuhr), 3. Person Singular
Gülay gitti	Gülay fuhr, Subjekt und Prädikat

Hauptsatz:

Gülay Beyoğlu'ndaki mağazalara yalnız *gitti*.	Gülay fuhr allein zu den Geschäften in Beyoğlu.

Nebensatz (von hinten aufgeschlüsselt):

ona nafile telefon edip evde bulamayınca	sobald sie sie vergebens ange- rufen hat und zu Hause nicht erreichen konnte,
bir taksiye binip	ist sie in ein Taxi eingestiegen

Nebensatz:

bir saat boşu boşuna Ayasofya'nın önünde arkadaşını bekledikten sonra	nachdem sie eine Stunde umsonst vor der Haghia Sophia auf ihre Freundin gewartet hat

Der gesamte Satz lautet:

Nachdem sie eine Stunde umsonst vor der Haghia Sophia auf ihre
Freundin gewartet hatte, ist *Gülay*, sobald sie sie vergebens angerufen
hat und zu Hause nicht erreichen konnte, in ein Taxi eingestiegen und
allein zu den Geschäften in Beyoğlu *gefahren*.

oder:

Gülay fuhr, sobald sie in ein Taxi eingestiegen war, allein zu den in
Beyoğlu befindlichen Geschäften, nachdem sie eine Stunde umsonst
vor der Haghia Sophia auf ihre Freundin gewartet, sie vergebens angerufen hatte und zu Hause nicht erreichen konnte.

Türkiye'de yaşayan ailesinin yanından gelen ve dün akşam Ankara'dan
uçakla Berlin'e varmış olan babamın genç yeğeni; bizde iki üç hafta
kalıp Almanya'yı biraz gezdikten sonra Amerika'ya devam ederek
orada meşhur bir üniversitede tahsiline başlayacak.

başlayacak	er wird beginnen
Babamın yeğeni	meines Vaters (sein) Neffe

Der junge *Neffe* meines Vaters, der aus seiner (d.i. des Vaters) Familie, die in der Türkei lebt, stammt, ist gestern aus Ankara mit dem Flugzeug in Berlin angekommen und *wird*, nachdem er zwei, drei Wochen bei uns geblieben ist und Deutschland ein wenig besichtigt hat, nach Amerika weiterreisen und dort an einer berühmten Universität sein Studium *beginnen.*

Merke: In neueren Texten wird häufig das Subjekt durch ein Semikolon gekennzeichnet!

Almanya'nın, başka hiçbir ülke ile böyle uzun bir geçmişi – yüz yılı aşkın –, Türkiye ile olduğu kadar sıkı ve her şeyden önce de dostlukla dolu ilişkileri olmadığından, iki ülke arasında geleceğin siyasal oluşumu için bu geçmişi yararlı hale getirmemek büyük saçmalık olur.

Da Deutschland mit keinem Land eine so lange Geschichte – über etwa ein Jahrhundert – enger und alles in allem freundschaftlicher Beziehungen hat wie mit der Türkei, wäre es eine Torheit, ein solches Erbe nicht für die politische Gestaltung der Zukunft zwischen den beiden Ländern nutzbar zu machen.   Claus Leggewie

Hauptsatz:

iki ülke arasında geleceğin siyasal oluşumu için bu geçmişi yararlı hale getirmemek büyük *saçmalık olur.*	*es wäre eine Torheit*, ein solches Erbe nicht für die politische Gestaltung der Zukunft zwischen den beiden Ländern nutzbar zu machen.

Nebensatz:

Almanya'nın başka hiçbir ülke ile böyle uzun bir geçmişi – yüz yılı aşkın –, Türkiye ile olduğu kadar sıkı ve her şeyden önce de dostlukla dolu ilişkileri olmadığından,	Da Deutschland mit keinem Land eine so lange Geschichte – über etwa ein Jahrhundert – enger und alles in allem freundschaftlicher Beziehungen hat wie mit der Türkei,

Die bis in die moderne Zeit hinein streng befolgte Wortfolge erfuhr in jüngster Vergangenheit durch die Einwirkungen der Umgangssprache und vornehmlich in der modernen Literatur starke Veränderungen. Trotzdem sollte der Lernende – um ungewollte Nuancen zu vermeiden – die alten Regeln befolgen.

Wiedergabemöglichkeiten deutscher Nebensätze im Türkischen

Grammatikalische Erklärungen siehe jeweils unter dem entsprechenden Kapitel!

1. Nebensätze, die mit der Konjunktion *daß* eingeleitet werden:

Bilirim, sigara içmezsin. Bilirim *ki*, sigara içmezsin. Sigara içmediğini bilirim.	Ich weiß, *daß* du nicht rauchst.
Ne iyi ettik *de* gitmedik.	Wir taten gut daran, *daß* wir nicht hingingen.
Ayşe evleniyor *diye* duydum.	Ich habe gehört, *daß* Ayşe heiratet.
Türkiye'ye gel*diği*ne seviniyorum.	Ich freue mich, *daß* du in die Türkei kommst (gekommen bist).
Beni ziyaret *etme*ne seviniyorum.	Ich freue mich, *daß* du mich besucht hast.
Kitabı yarın geri getir*men* *şartıyla* sana veriyorum.	Ich gebe dir das Buch *unter der Bedingung, daß* du es morgen zurückbringst.
Ali kursa gitti *de* Almanca öğrendi. Ali kursa gid*erek* Almanca öğrendi Ali kursa git*mekle* Almanca öğrendi. Ali kursa git*mek suretiyle* Almanca öğrendi.	Dadurch, *daß* er einen Kurs besuchte, lernte Ali Deutsch.
Hava *o kadar* güzeldi *ki*, pikniğe gittik.	Das Wetter war so schön, *daß* wir zum Picknicken fuhren.

2. Kausalsätze mit *weil, da*:

Başım ağrıyor *diye* yattı.	Sie legte sich hin, *weil* ihr der Kopf weh tat.
Bu yaz Türkiye'ye gid*eceğim için* (gid*eceğimden* oder gid*eceğimden dolayı / ötürü*) seviniyorum.	Ich freue mich, *weil* ich diesen Sommer in die Türkei fahren werde.
Elif gel*diğine göre* yemeye çıkabiliriz.	*Da* Elif gekommen ist, können wir zum Essen (aus)gehen.
Özlem gel*meyince* eve gittik.	*Da* Özlem nicht kam, gingen wir nach Hause.

İsmail Türkiye'ye dön*mesi* *nedeniyle* bir veda partisi verdi. | *Da* Ismail in die Türkei zurückkehrt, gab er eine Abschiedsparty.

İlaç aldım, *çünkü* başım ağrıyordu. | Ich nahm Medizin, *weil* ich Kopfweh hatte.

3. Nebensätze, die mit einem *Fragepronomen* eingeleitet werden:

Bana *ne* söyleyeceksin,
merak ediyorum.
Bana *ne* söyleyeceksin *diye*,
merak ediyorum.
Bana *ne* söyleyeceğini,
merak ediyorum.

Ich bin gespannt, *was* du mir sagen willst/wirst.

4. Infinitivsätze:

Seni gör*mek için/üzere* geldim. | Ich bin gekommen, *um* dich *zu* sehen.

Seni gör*meden/-meksizin* gittim. | Ich bin gegangen, *ohne* dich *zu* sehen.

Ekmek alacak*ken* pasta aldım.
Ekmek al*acağıma* pasta aldım.

Anstatt Brot *zu* kaufen, kaufte ich Kuchen (= versehentliche Handlung).

Ekmek al*acağım yerde* pasta aldım.
Ekmek al*mak yerine* pasta aldım.
Ekmek al*maktansa* pasta almayı tercih ettim.

Anstatt Brot *zu* kaufen, zog ich es vor, Kuchen zu kaufen (= bewußte Handlung).

Kitabı yarın geri getir*mek* *şartıyla/üzere* sana veriyorum. | Ich gebe dir das Buch *unter der Bedingung,* es morgen zurückzugeben.

Eva yarın Türkçe öğren*me*ye başlıyor. | Eva beginnt morgen Türkisch *zu* lernen.

5. Finalsätze, die mit *damit, um ... zu* eingeleitet werden:

Seninle görüş*eyim diye* geliyorum.
Gel*eyim de* seninle görüş*eyim*.
Geliyorum *ki* seninle görüş*eyim*.
Seninle görüş*mek için* geliyorum.

Ich komme, *um* mit dir *zu* sprechen.
(Ich komme, *damit* ich mit dir spreche.)

6. Temporalsätze:

– Vorzeitigkeit mit *bevor*

Sinemaya git*meden önce/evvel* bir şey yiyelim.	Laßt uns erst etwas essen, *bevor* wir ins Kino gehen!
Bir şey ye*meyince* sinemaya gitmiyoruz.	*Bevor* wir nichts gegessen haben, gehen wir nicht ins Kino.

– Gleichzeitigkeit mit *als, wenn, während*

Ben on yaşında*yken*, Almanya'ya geldik.	*Als* ich zehn Jahre alt war, sind wir nach Deutschland gekommen.
Ben on yaşında*yken* ablam on dört yaşındaydı.	*Während* ich zehn Jahre alt war, war meine ältere Schwester vierzehn.
Eve gel*diğimde*, ablam hasta yatıyordu.	*Als* ich nach Hause kam, lag meine Schwester krank im Bett.
Eve gel*diğim zaman/vakit*, ablam hasta yatıyordu.	
Eve dön*düğüm sırada* bir kaza oldu.	*Während* ich nach Hause zurückkehrte, ereignete sich ein Unfall.

– Nachzeitigkeit mit *nachdem*

Eve gel*dikten sonra* telefon çaldı.	*Nachdem* ich nach Hause gekommen bin, klingelte das Telefon.
Eve gel*dikten hemen sonra* yattım.	*Sofort nachdem* ich nach Hause gekommen bin, legte ich mich hin.

– mit *immer wenn*

Ali Türk lokantasına her *gidişinde*, döner yer.	*Immer wenn* Ali ins türkische Restaurant geht, ißt er Döner.
Ali *ne zaman* Türk lokantasına git*se* döner yer.	

– mit *sobald, sowie, kaum (daß)*

Eve gel*ince* sana telefon edeceğim.	
Eve gel*ir* gel*mez* sana telefon edeceğim.	
Eve gel*diğim gibi* sana telefon edeceğim.	*Sobald* ich nach Hause komme, rufe ich dich an.
Eve gel*memle beraber* sana telefon edeceğim.	

– mit *solange*

Ödevini bitir*mediğin sürece/* *müddetçe* dışarıya çıkamazsın. Ödevini bitir*medikçe* dışarıya çıkamazsın.	*Solange* du mit deinen Aufgaben nicht fertig bist, darfst du nicht hinausgehen.

– mit *seit, seitdem*

Bu firmada çalış*tığımdan beri* çok para kazanıyorum. Bu firmada çalış*alı (beri)* çok para kazanıyorum.	*Seit* ich in dieser Firma arbeite, verdiene ich viel Geld.

– mit *bis*

Anne, babam gel*inceye kadar,* bekledi. Anne, babam gel*ene kadar,* bekledi.	Mutter wartete, bis mein Vater kam.

7. Relativsätze, die mit *der/die/das, dessen* eingeleitet werden:

Çiçeği getir*en çocuk* beş yaşında.	Das Kind, *das* die Blumen bringt, ist fünf Jahre alt.
Annesi çiçeği getir*en* çocuk beş yaşında.	Das Kind, *dessen* Mutter die Blumen bringt, ist fünf Jahre alt.
Çocuğ*un* getir*diği* çiçekler solmuş.	Die Blumen, *die* das Kind bringt/ brachte, sind welk.

8. Nebensätze, die mit *indem, sooft, in dem Maße, wie, indem ... ständig, je ... desto* eingeleitet werden:

Ali derse gid*erek* iyi Almanca öğrendi.	Ali lernte gut Deutsch, *indem* er einen Kurs besuchte.
Ali Almanlarla konuş*a* konuş*a* Almancasını ilerletti.	*Indem* er *ständig* mit Deutschen sprach, verbesserte Ali sein Deutsch immer mehr.
Ali Almanlarla konuş*tukça* Almancası ilerledi.	Indem Ali ständig mit Deutschen sprach, machte sein Deutsch Fortschritte.

9. Konzessivsätze, die mit *obwohl* eingeleitet werden:

Rakı sevme*ken* rakı içer oldum.	*Obwohl* ich (früher) keinen Rakı mochte, trinke ich ihn nunmehr.
Rakı sevme*mekle beraber/birlikte* bir kadeh içtim.	
Rakı sevme*diğim halde* bir kadeh içtim.	*Obwohl* ich Rakı nicht mag, trank ich ein Gläschen.
Rakı sevme*meme rağmen/karşın* bir kadeh içtim.	

10. Nebensätze mit der Konjunktion *ob*:

Ali Almanca öğreniyor *mu*, bilmiyorum.	Ich weiß nicht, *ob* Ali Deutsch lernt.
Ali Almanca öğrendi *mi diye* sordum.	Ich habe gefragt, *ob* Ali Deutsch lernt.
Ali'nin Almanca öğren*ip* öğren*mediğini* bilmiyorum.	Ich weiß nicht, *ob* Ali Deutsch lernt (gelernt hat).

11. Nebensätze, die mit *als ob* eingeleitet werden:

Eva sanki çok iyi Türkçe biliyor*muş gibi* Türkçe gazete okuyor.	Eva liest türkische Zeitungen, *als ob* sie sehr gut Türkisch kann (könnte).
Eva sanki çok iyi Türkçe biliyor*casına* (biliyor*muşcasına*) Türkçe gazete okuyor.	

12. Konditionalsätze:

 - reale Bedingung:

Ali vaktinde gelir*se* vapura yetişebili*ri*z.	*Wenn* Ali rechtzeitig kommt, können wir das Schiff erreichen. (wahrscheinlich!)
Ali vaktinde gel*diği takdirde* vapura yetişebili*ri*z.	*Falls* Ali rechtzeitig kommt, können wir das Schiff erreichen. (unwahrscheinlich!)
Ali'nin vaktinde gel*mesi halinde* vapura yetişebili*ri*z.	

- irreale Bedingung:

Ali vaktinde gel*se* vapura yetişebili*ri*z.	*Wenn* Ali rechtzeitig *käme, könnten* wir das Schiff erreichen.
Ali vaktinde gel*seydi* vapura yetişebili*rdi*k.	*Wenn* Ali rechtzeitig *gekommen wäre, hätten* wir das Schiff erreichen können.

13. Irreale Wunschsätze:

Keşke gel*se!*	*Käme* er *doch!*
Bari bir mektup yaz*san.*	*Schriebst* du doch *wenigstens* einen Brief!

14. Verallgemeinernde Nebensätze:

Ne tavsiye ede*rsen (*od. et*sen)*, yapa*rı*z.	*Was* du auch vorschlägst, das machen wir.
Ne söyle*rse* (söyle*se*), inanı*rı*m.	*Was* sie auch sagt, ich glaube es (ihr).

LITERATURVERZEICHNIS

Atiz, Bedriye / Kissling, Hans-Joachim: Sammlung türkischer Redensarten. Wiesbaden 1974.

Ergül, Cemal / Olcay, Fatoş: Türkçe. Ein Türkischkurs für Anfänger. Stuttgart-Dresden 1991.

Ersen-Rasch, Margarete: Türkisch für Sie. München 1980.

Hermes, Gabriele: Türkçe. Ein Türkischkurs für Anfänger. Arbeitsbuch. Stuttgart-Dresden 1991.

Jansky, Herbert: Lehrbuch der türkischen Sprache. 11. Aufl., überarbeitet und erweitert von Angelika Landmann. Wiesbaden 1986.

Kissling, Hans Joachim: Osmanisch-türkische Grammatik. Wiesbaden 1960.

Savaşçı, Özgür: Zusammengesetzte Sätze des Türkischen unter besonderer Berücksichtigung ihrer Wiedergabe im Deutschen. Eine kontrastive Analyse. München 1998.

Spiess, Otto / Emircan, Belma: Türkisch. Lehrbuch für Anfänger. Heidelberg 1981.

Steuerwald, Karl: Türkisch-Deutsches Wörterbuch. Wiesbaden [2]1988.

Tekinay, Alev: Günaydın, Teil 1, Wiesbaden 1985. Teil 2, Wiesbaden 1988.

Tornow, Ute: Das Verb im Türkischen. Wiesbaden 1994.

Underhill, Robert: Turkish Grammar. Cambridge/Mass.-London/England [5]1987.

Venter, Joachim / Cahit, Kurt: 30 Stunden Türkisch für Anfänger. Berlin-München-Wien-Zürich 1981.

Wendt, Heinz F.: Fischer-Lexikon, Sprachen. Frankfurt am Main 1994.

KARTENNACHWEIS

Karte 1: Bainbridge, Margarethe (Ed.): The Turkish peoples of the World. London 1993. S. 216 (modifiziert)

Karte 2: Matuz, Josef: Das Osmanische Reich. Grundlinien seiner Geschichte. Wiss. Buchges. Darmstadt 1985. S. 323

INDIZES

GRAMMATISCHE STICHWÖRTER

Suffix-Übersicht